希臘之歷史行腳

黑格爾歷史哲學述析

李榮添 著

作者簡介

李榮添

　　廣東順德人，戰後出生於香港。曾修業於香港中文大學、香港大學、新亞研究所，現專注研究黑格爾哲學。

內容簡介

　　黑格爾的《世界歷史哲學》分四部份：依次是引言、第一部分：東方世界、第二部分：希臘世界、第三部分：羅馬世界，和第四部分：日耳曼世界。

　　本書主要是依《世界歷史哲學》的第二部分：「希臘世界」，按書中的段落結構，逐段翻譯，並附以注解和闡釋；並在適當地方加以修正和補充，為黑格爾的「哲學的歷史」底「真正的」開端作一明晰的導引工作。

序言

　　在歷史哲學之導論裡，黑格爾已交代了世界歷史之分期：兒童期乃指東方的個體像兒童那樣長期受到各種力量的束縛，任由當權者擺佈，造成「一個人有自由」的局面，以至不斷重複，不能引發政治意識上的質變，長期停滯在家長制或專制的層次；西方的情況就大為不同，由希臘的青年期而至於羅馬的成年期，步步質變，最後來到近代日耳曼的老年期或圓熟期，以「理性國家」的意識和制度來調解個體跟集體之矛盾，達至「人人有自由」的局面。詳細論述可參看拙作《歷史之理性——黑格爾歷史哲學導論述析》（1993 台灣學生書局）。

　　來到正文部份，由於兒童期、青年期、成年期、老年期是人類生命的發展次序，黑格爾也就順次由兒童期講起，一頭栽進中國、印度、波斯的歷史細節，還要旁及中東諸國如埃及、敍利亞，結果吃力不討好，花了不少篇幅，也未進入世界歷史發展之真正主題。

事實上，由東方發皇的世界歷史的確相當平淡，那是由於地理因素使然，東方的幾個大國都是源出大河流域，農業經濟自然會令居民安土重遷，一般的農民個體俱沒有動力去貫徹自己的意志，東方人根本無意也無力去充當世界歷史之火車頭：成吉思汗來勢看似洶洶，卻沒有持續力，鄭和下西洋比哥倫布發現美洲還要早七十年，但明朝新君登位，整支龐大的艦隊便消失得無影無蹤。

世界歷史之動力涉及個體之解放，只有當社會上的個體普遍地可以為自己之私人目的而奮鬥時，那股足以改變歷史之力量便告形成，也就是黑格爾所說的世界歷史以情欲為「緯」，哥倫布及其他歐洲航海家連同相關的投資者俱為情欲所推動，世界也就因此而永遠改變了。

希臘城邦是首個讓公民得享個體自由的國家，（奴隸除外，故此只是「部份人有自由」）。不是說城邦政府不會逼壓公民個體，而是城邦政府根本乃由公民以議會方式組成，希臘公民意識到他們是國家的基本成員，他們根本有權利去否決政府之政策和人事；另一方面，希臘人又非常熱愛自己

的祖國，國家有難，無不赴湯蹈火，他們的群己關係也就顯得極其健康活潑，像青年人那樣饒有活力，綻放文化光芒，然後凋謝沒落，讓世界歷史展開質變。

在健康的群己關係之下，希臘的個體跟群體打成一片，城邦人口不多，卻能各展所長，群策群力，萬眾一心，發揮出最強大的集體有機力量，尋且能夠聯合一致擊退波斯的來襲，保住西方法則不為東方法則所犯，保住希臘的自由和優美文化。

但希臘的光芒為什麼會消失逝褪？現實的政治原因是雅典跟斯巴達不和，希臘內戰令諸國元氣盡失；深層的哲學理由是「精神」之質變乃為一個曲折的辯證歷程，「精神」不可能一步便去到其終極目的，而是要經歷「正」、「反」、「合」三個階段才成。

在黑格爾眼中，世界歷史雖然以個體之情欲為緯、為動力，卻以理性為經、為目的，在政治領域而言，那就是對「理性國家」之認識和實現，但這目的不可能一蹴即至，它更不

可能由東方世界來實現,因為東方的個體意識不夠強,歷史動力不足。

　　希臘城邦和諧的群己關係的確值得肯定,因為「理性國家」所追求者也不外乎是這種和諧的關係,因而可被列為正題階段 (thesis),但希臘的成就乃是直接地形成的,那並非出於希臘人的思想和爭取,他們受惠於地理條件(狹窄的地形和海灣、星羅棋布的島嶼),也得逢歷史的機遇(發皇時沒有惹人注目、勁敵 Minoans 沒落於超級火山大爆發),但原始的和諧是不可能持續的,當希臘人的個體意識發展到「反思」的水平時,他們事事要問理由,事事要從個人的立場做出發點,於是傳統風俗習慣的內聚力便告瓦解,美好的歷史青年期要結束了。

　　希臘人在不經意之間讓自己否定了自己,就像青年人急於成長而不知青年期之可貴,世界精神從此進入反題階段 (anti-thesis),個體不斷跟集體產生矛盾而不能和解;羅馬的執政集團較為現實,他們雖視個體為公民而不會無理地勞役之,但也不會容許國家像一盤散沙,於是運用嚴厲的法律和

客觀的制度來維持國家的運作，把國家打造成一部高效率的戰爭機器，所向披靡，但公民抗爭不輟，到帝國瓦解之日也找不到和解之道。

羅馬帝國分裂，西方的心靈從此要在矛盾重重之中逼迫自己走上再度和解之道，此即合題階段 (synthesis)；黑格爾以為「理性國家」就是世界精神在政治上的終極目的，這說法甚有啟發性，但證諸黑格爾身後的歷史發展，這個結論則大有修正之餘地。

最主要是黑格爾沒有看到資本主義這個歷史大洪流，它不單止衝擊歐洲的舊世界、東方的古老世界、各地的原始世界，（逼出共產主義跟它對抗），到今天更以空前強勁的力度衝擊全球的金融制度和環境氣候，衝擊人類的未來，逼迫世界精神朝著更理性的目的進發，在辯證的過程裡達成更合理的群己關係安排和體會，令人類得享更高級的「客觀自由」（全球化的政治自由），並且在此基礎上更進一步去充實「絕對自由」之內容，把精神之光輝（藝術、宗教、哲學）發揮到極盡。此乃當今世界經緯交織之局面。

換言之，反題階段仍未結束，而且還把東方世界以及其他地區的國家捲入這個全球性的質變過程，一起在矛盾之中奔赴理性之目的。這一切都是由希臘開始。

識是之故，本書乃由希臘切入黑格爾之正文部份，這可暫時擱開東方世界而直探世界歷史產生質變之源頭。今回沿用 J. Sibree 之英譯本，再找來德文全集（學術版）相對照，每譯一小段即列出二者之相關頁數，並略加補充、說明、評論；由於許多希臘人名、地名的中文譯法尚未統一，為免讀者費神猜度，除常見的名字之外，其他一概以英文譯名列出，（反正這個歷史哲學講座並非黑格爾的正式著作，那是集合幾份學生筆記而成）。書後附載作者年輕時到希臘旅行之隨筆。在此特別感謝徐嘉琳同學於工餘代為打出文稿。

推崇希臘的人有許多，黑格爾的見解卻獨樹一幟，他著眼於「希臘精神」之生成（第一篇）、綻放（第二篇）、衰落（第三篇），這是精神哲學的進路，也具有文化哲學的視野，他沒有刻意去比較東西方的文化精神，卻道出了二者之根本性差別。

　　一言以蔽之，希臘精神之特質就是「個體性」極之活躍，古希臘人憑著一股好奇心而不斷開拓新世界，他們追求「個體自由」的意識比起其他民族和文化來得熾熱，在過程中，他們不斷跟外界產生矛盾以至於跟自己產生矛盾，心靈不斷外馳，完全沒有想過要去化解矛盾，令到日後的西方文化在許多環節上都處於極其嚴峻的反題狀態：人神關係疏離、群己關係對立、國際關係緊張、無盡的資源剝削……。

　　東方世界則不然，由於「個體性」被強大的外在力量束縛住，東方人追求「個體自由」的阻力也極之巨大，以至令他們放棄這方面的努力，轉而追求內心世界的「主體自由」，在經濟不太發達之下，在政治不太自由之下，轉而從自己的心靈意志上做工夫，自我約束，體會和諧，雖然缺乏歷史動力，卻是真正的化解矛盾，是對「合題」之具體體會。

　　到了今天，「個體自由」已不必局限在爭取個人的政治經濟自由，世間總有其他更高價值的事物去讓人勇闖新世界；同樣道理，「主體自由」也不必只是著眼於個人的成聖、成仙、成佛而可以多些關注這個俗情世間。

由希臘開出的反題局面看來要借鑑於東方的智慧才可緩和以至於提昇。

作者自序於香港
2016 年 1 月

再序

這本書得以出版和發行，實在要感激各位出力襄助的朋友們，在這個網絡橫行以及網購成潮的年代，難得仍有人致力出版實體書籍，在此再三向他們致敬和致謝。

書籍固然可當商品或資訊去由電子網路來處理，但書籍又有別於一般商品或資訊。對於認真的作者來說，一本書的誕生乃其心靈的產物，當中凝聚着他的心血、見解、期盼以至於對成長歷程的反思，出版的目的就是要跟讀者交流，此所以，每當人拿起一本書來讀的時候，讀者就跟作者開始交流，這需要讀者有悠閒的心態才成，讀者不要急急作出判斷，要有些耐性，慢慢才可融入作者的內心世界，從而豐富自己的心靈。

網路的世界恰恰相反，速度和點擊率主宰了一切，經營者提供接近無限量的內容，使用者飛快地轉換畫面，惟恐停留多半刻也會浪費時間。可以說，這是最差勁的交流方式，這比走馬看花還要誇張，比蜻蜓點水還要浮淺，瀏覽者根本

無意跟作者交流，他們不過在謀殺時間，以網絡無限的內容去填補自己心靈的無限空洞。

網上討論表面看來有很熱烈的交流，但大多數是即時的意見反應，那種速度的逼壓感根本容不下深思，參與者只不過想滿足其個人的發表欲而已。

試想想，黑格爾講歷史哲學，他要用上哲學的觀點去回顧人類過去幾千年的歷史行腳，以至於展望全體人類之未來去向，而網絡瀏覽者卻要在三十秒內決定看不看下去，過不了幾分鐘就要匆匆作出喜歡或不喜歡的判斷。在他們眼中，黑格爾也好，馬克思也好，那不過是眾多選項之一，網上還有許多內容等待自己去瀏覽。

可以說，這個網絡潮流嚴重地拖低了人們的品味，繼而令人類的心靈日趨浮淺。就以小本經營的閣樓書屋為例，那是書籍寄身之所，是作者跟讀者交流的聚腳點，是文化人的好去處，走進書屋彷彿有無數的作者在書架上向你打招呼，當中有着經營者的心思和取捨，滋潤着讀者的心田。現在網

絡已成歷史洪流，淹沒一切，橫掃一切，令到整個世界沸沸揚揚。

黑格爾處身於資本主義之開端期，歷史潮流開始成形，人心躁動，社會開始急劇轉變，眾人歌頌眼前的一切，他卻要在喧鬧的歷史浪潮聲中找出背後隱閉而深層的理性目的。

他用辯證的觀點去考察世界歷史發展之特性，（不是機械地確立歷史規律），他看到歷史並非沒有理性目的，但卻不會直接可達，而是要在自我否定、自我異化之中曲折地實現，強勁的潮流並非歷史之目的，而不過是歷史為實現其理性目的所需之工具或動力。浮躁者擁抱潮流，深思者探索背後目的。

黑格爾和馬克思最大的遺憾就是看不到自己身後的歷史發展，此所以每個時代都需要有人出來總結其歷史階段，但無人可以盡善盡美，因為反思總會滯後於發展，誠如黑格爾所言：

當哲學為灰色塗上其灰色時，一種生活就會老退，在哲

學灰色的灰色裏，那種生活不能恢復活力，而只能夠為人認識。密納發（貓頭鷹）只會在暮色四合之後才展翅飛翔。《法權哲學》導論

作者再序於香港
2017 年 9 月 8 日

凡例

1. 本書所採用的英文簡寫乃下列二書之代號：

   S　= Sibree, J. (trans.): HEGEL – The Philosophy of History (NY: Dover, 1956)

   W　= *Werke 12, G.W.F HEGEL: Vorlesungen über die Philosophie der Geschichte (suhrkamp taschenbuch wissenschaft, Frankfurt am Main, 1970)*

   例如：

   S223.1　= Sibree 第 223 頁，第一小段

   W275　= *Werke* 12 第 275 頁

2. 譯文中有方形括號者【 】乃作者之補充文字。

   德文徵引以斜體字標出，例如青年人【*Jüngling*】，至於英文詞彙則以羅馬正楷表明，例如阿基里斯【Achilles】。

目錄

世界歷史哲學

第二部份

希臘世界

> 來到希臘人當中我們立刻感到重返家園,因為我們已置
> 身於「精神」之土壤;就算民族的源起可像語言上的區
> 分那樣容許自己被追溯至印度,在希臘境內所要追尋者
> 還是那原本的「騰飛」以及那真正「精神」之衍生。
> **(S223.1, W275)**

黑格爾在世界歷史哲學的第一部份已講了許多關於東
方世界之發展特性,一方面那是他不太熟悉的異邦文化,
(他要靠傳教士帶回來的信息和資料才粗略理解到中國的情
況),另方面他並不認同這個東方世界的文化取向,但為了
跟隨整個課程構思的鋪排,他不得不從東方世界開始說起,
而對中國、印度、波斯這三個東方國度之論述竟佔了正文的
三分一有多,其心情上的不暢乃可想而知,及至他終於可以
告別這個東方世界時,他乃如釋重負,並且不加掩飾,因為
他可以開始講述那個他既熟悉而又嚮往的希臘世界———一個
充滿文化活力的年輕民族,朝氣勃勃而又膽識過人,這跟東
方世界標榜循規蹈矩、老成持重乃大異其趣。黑格爾尤其注
重那洋溢在希臘人身上的精神,到底那種精神有何獨特之處

足以令他們登上世界歷史舞台以至於成為西方文化之源頭，這都是黑格爾所着意探討的課題。

> 早前我已準備拿「青年期」來跟希臘世界相比，卻並非在此意義之下而言——比如說青年人在自己身上背負着一項嚴肅的、未來的使命，並且為了一個更遙遠的目的而無可避免地要備受教育之薰陶；比如說他們若自以為早已準備就緒，他們就會陷自己於一個徹底不圓滿而又不成熟的形態，並且正好大錯特錯；而是要在此意義之下來說——青年人仍未需要為工作而活動，他們仍未需要為一個備受局限的「理智目的」而操勞，那毋寧是「精神」底具體的生命朝氣。(S223.2, W275)

中國人極其欣賞老成持重的年輕人，因為他們在自己生命力最旺盛的人生階段就克制得住衝動、孟浪，那麼日後必成大器而可委以重任，因為他們會為大局着想，歷代君王也多半以此為選拔太子之準則；事實上，這種意識乃由周室開始代代相傳，最典型的莫過於召公告誡年青的周成王，在其登基大典上乃申明周室之祖宗家法：「王其疾敬德……節性惟日其邁。王敬作所，不可不敬德。……惟不敬厥德，乃早墜厥命。王其德之用，祈天永命。」（尚書‧召誥），為

了周室之天下可永續，年青君主不得不循規蹈矩，形成儒家
日後的憂患意識，憂國憂民，范仲淹之名句「先天下之憂而
憂」更是家傳戶曉；中國人把如此沉重的責任感加諸於青年
人身上乃是東方文化之特色，黑格爾對此並不欣賞，因為他
們西方文化有着一個極之活潑的源頭，那是一番截然不同的
景象。

　　上文所說的「理智目的」也就是中國人所說的「大局」，
那可以是一個皇朝的天下，也可以是一個家族的聲威，以至
於現代家長為了子女的未來出路而督促子女嚴加學習，務求
考取美滿成績，晉身仕途，或成專業人士；這都是中國人所
加諸於青年一代的責任和壓力，令他們過早背負上包袱，不
能順從個人的意志而要屈服於強大的文化壓力之下，以至未
能為個人及社會創造出新局面。中西文化之差別已在黑格爾
上述幾句說話裏盡露端倪。

　　他們作為肉體化了的「精神」以及作為精神化了的「感
性世界」而闖入感性的當下，（那是由「精神」所創造
出來而處於統一之中）。希臘全境為我們提供了「精神
生命」底青春朝氣之生動寫照，這裏首次讓「精神」自

己本身成熟到足以取得其「意願」及其「認識」之內容，但在這形式之下，國家、家庭、律法、宗教同時也是「個體性」之目的，而這又要經由那些目的才是「個體性」；與此相反，成年人活於一個要操勞賣力的「客觀目的」裏，就算有違其「個體性」，他也會堅定不移地循遵。(S223.3, W275)

黑格爾用上肉體化了的「精神」以及精神化了的「感性世界」說法，其用意毋非想強調希臘人把自己的精神意識直接地投入到感性世界裏去。個人的最直接投入莫過於體育訓練，運動員及戰士以自己的身體作素材而去把它淬煉成為藝術品，其次就是各式各樣的石刻造像、巨型浮雕，再其次就是歌舞，至於詩篇及戲劇已需文字作媒介而不太直接；一般男性在青年階段都有鍛煉身體的意識和意願，那不一定是為了參加比賽而去接受艱苦的訓練，而是在青年人的腦海裏會自然冒出一種初步的意識要跟其日趨成熟的肉體同步發展，二者俱要急於擺脫兒童期的幼稚和幼弱，當中沒有太多的深思熟慮，只是順其成長之勢而走向當下，（縱然那不過是感性的當下），個人的當下是鍛煉身體，身體的當下就是投入國家生活。

世界歷史之青年期由希臘人來開其端，生氣勃勃，雖然像一般青年人遠遠未臻圓熟期之煉達，但每個希臘公民就像青年人那般自由自在、體力充沛，沒有太多的責任，心智更遠非長期處於兒童期的東方個體可比，黑格爾上述的「個體性」乃指「個體意志」之呈現，每個希臘公民作為獨特的「個體」俱有着自己的意志和意識而投入愉快的群體生活，他們沒有想得太遠，故此不須委曲求全，個人的發展若不遂一己之意，他們大可移居其他希臘城邦或殖民地，遇到波斯大軍來襲，他們卻又秉着初生之犢的無畏精神奮力周旋，把認同城邦之精神意識擴大到認同整個希臘文化，他們清楚意識到若不能擊退波斯人，那就是意味着要臣服於東方專制政治而失去他們的希臘價值，於是雅典竟可破天荒跟斯巴達攜手合作，繼而創造出歷史奇蹟，讓這個年青的民族通過了最嚴峻的考驗，渡過難關而一舉登上世界歷史之大舞台。

由於地理因素及歷史因素，希臘並無形成東方大帝國之條件，希臘人的「精神」由一開始已不是處於兒童期（任人擺佈），就像青年人一樣，每個希臘公民已有初步的個人意識及個人意志，但也像青年人那樣，其個人意志並未曾夾雜

上太多的私心，（單純而充滿理想色彩），對希臘人來說，「個人意志」之內容跟「國家意志」之內容並無衝突，換言之，個人意志仍未曾去到足以損害國家利益之地步，（那要去到辯士時代懷疑一切才告出現），在早期的希臘而言，公民的「個體意志」就是認同、參予、投入國家的集體生活：家庭、律法、宗教，黑格爾把這種個體跟集體打成一片的狀況叫作「倫理生活」，那是受傳統薰陶、受集體感染的那麼一種自覺參予，那跟道德意識要經由個人反省才達致的情況不同，事實上，希臘人的宗教乃是以城邦守護神為核心而形成的「民族宗教」，那是集體生活的一部份，是離不開傳統、神話、政治的一種全民信仰，這跟基督教需倚賴個人反省之「私人宗教」大為不同。

　　當傳統尚未瓦解之前，希臘公民跟國家並無大不了的矛盾。雅典是「個人意識」冒起最快的城邦，亦因此之故，雅典公民跟國家之矛盾日趨激烈，但她沒有機會讓自己另尋出路，因為亞歷山大以武力把所有的希臘城邦征服；羅馬以軍事化的民主體制起家，故羅馬公民從一開始便跟執政集團（代表國家集體）鬧矛盾，不斷的抗爭，但卻沒釀成革命，

因為羅馬公民也分享到國家海外征戰勝利的利益和榮耀，雖不及希臘公民那麼自由自在，雖然要操勞一生，（羅馬以公民兵為主要戰鬥力），羅馬公民也願意為「國家」這個客觀目的賣力，但這個「國家」已有些疏離，其認同程度遠遠及不上希臘公民。這就是黑格爾所說的「歷史成年期」特色：羅馬公民是為了一個明確的「客觀目的」而去操勞，沒有希臘公民那麼投入，因為那是出於現實的需要，並非出於自己真正的個人意願。

無論是個人生命或是集團生命（民族），處於兒童期是無知無覺，任由他人擺佈，進入青年期是其最幸福的階段，因為自然生命忽然大幅飛躍成長，元氣淋漓，但絕非完美，因為沒有經歷現實的艱難（這艱難由成年人承受），故此要受成年期的洗禮，經歷連場造化，若其有所省悟，便可進入老年期（圓熟的階段），否則仍要在不斷爭鬥、折騰。

黑格爾說日耳曼民族已經進入「老年期」，那不過是從政治制度而言，西方的憲法政治可成熟地解決「個體」跟「群體」之矛盾，但若從世界整體之發展而言，當前的國際政治

爭鬥距離成熟階段甚遠，人類歷史還有很長一段路要走才可趨成熟。

> 浮現在希臘觀念的最高形態是阿基里斯【Achilles】，他是詩人的寵兒，是荷馬筆下特洛伊戰爭的青年人【*Jüngling*】，荷馬是希臘世界所仰息的元素，（好比人類要仰息於空氣一樣）；希臘的【民族】生命是一項真正的青年人成就：它以阿基里斯詩一般的青年人開始，而以亞歷山大這位現實的青年人告終，兩人俱現身於對抗亞洲之鬥爭。作為希臘遠征軍對付特洛伊之主角，阿基里斯並未處於領導地位，而是要聽令於那位萬王之王，（他不可能是領袖，否則那就太不可思議）；相形之下，第二位青年人就大為不同：亞歷山大是現實世界迄今所孕育出來最自由而又最優美的「個體性」，他以自己早熟的青年生命縱身歷史浪頂，並且完成了對亞洲之報復。(S223-224, W275-276)

Jüngling 直譯是「小伙子」，略帶貶義，指其有些乳臭未乾；但黑格爾極之欣賞這種生命形態，本來可譯作「青年典範」、「理想青年」，意謂他才氣縱橫、傲岸不羈、睥睨萬物、風姿綽約，當中盡有無數可資欣賞之氣質，但考慮到

「青年期」並非生命發展之最高形態，（因沒有挫折而顯得孟浪），故此只平實些譯作「青年人」。

阿基里斯是神話人物，在戰場上刀槍不入，卻極之任性，只因私人恩怨便拒不服從最高統帥阿伽門農 (Agamemnon) 這位萬王之王，置希臘聯軍之安危於不顧，但極之有性格，直腸直肚、愛惡分明，（極不適應政治生活），經由詩人荷馬的渲染而家傳戶曉。歷史上並非真有其人，但是，荷馬也並非完全憑空杜撰，可以說，荷馬呼吸着希臘世界之氣息，以之作為其創作內容，把箇中之特性抽出來，大事加工，而希臘世界因着他的渲染而加倍洋溢出這股希臘精神，（英雄氣慨與詭計多端）。

荷馬不知道日後會冒出個亞歷山大，亞歷山大卻讀荷馬而把自己當成阿基里斯，在戰場上身先士卒，在歷史上要征服世界，要把希臘文化跟波斯文化結合，要以年輕的生命去實現其「個體性」（個人之意志），雖然十分血腥殘酷，卻又不失瀟灑漂亮，不過也令希臘這個處於歷史青年期的民族生命走完了最後而又最光芒四射的一程。

　　黑格爾說希臘的民族生命是一項真正的青年人成就，觀乎下文之勾劃，其言非虛。處於青年期的生命總是光芒四射，但不能持久，因為那並非生命發展之終極形態。

> 如今我們就去識別在希臘歷史裏的三個階段：第一階段涉及其實在「個體性」【reale Individualität】之成長；第二階段涉及其對外勝利而取得之獨立和繁榮，那是跟前期的世界歷史性民族碰撞而得來的；第三階段涉及最終的沉淪和衰亡時期，那是跟世界歷史的未來喉舌相遇所致。(S224.1, W276)

此即下文劃分的三個篇章：

第一篇：「希臘精神」之成素

第二篇：優美「個體性」之形態

第三篇：「希臘精神」之衰落

　　「前期的世界歷史性民族」是波斯，黑格爾把希臘人的勝利歸諸於其「精神」，至於「世界歷史的未來喉舌」是羅馬，希臘最後為羅馬人所滅而退出世界歷史之舞台，轉由羅馬人出來引領時代之風騷。

一個民族由輝煌而至在內部臻於完備，這個時期牽涉到其原初的文化，（這個內裏完備足以讓它跟前期的民族較量）；若然該民族有着一個攪入外來文化於其源起之基礎，好比希臘世界以東方為基礎那樣，它就有了一種雙重的複式文化，一方面來自它自己內部，另方面則來自異族的刺激，去促成二者之統一乃其成長教育之所在，及至它統合出實在而獨有的【文化】活力時，第一個時期就告結束，繼而它會用上這活力去對付那【外來的】基礎。(S224.2, W276)

黑格爾認為希臘人成功地統合起東方文化及本土文化，令「希臘精神」比「波斯精神」更具活力，一場戰爭便分出兩種文化精神之高下，希臘人在勝利後便踏上世界歷史之舞台，取代波斯人原先之角色，但物極必反，「異化」的過程衍生了，希臘人離棄了自己成功之道。

第二個時期涉及勝利和興旺，但當民族轉過頭來向外時，它就失落了在其內裏的【法則】規定，及至外來的緊張終止時，它在自己內裏就開出分裂，與此同時，在藝術與科學裏也顯示出「理想」與「實在」【das Realen】之分離，此乃沉淪之切入點。(S224.3, W276)

　　希臘之內在法則是「統一」，縱然那只是未經化分的統一 (undifferentiated unity)：凡人與神祇之打成一片，個體與群體之統一，在朦朧中不去刻意擴大矛盾，故斯巴達跟雅典雖有分歧，但在民族空前危機之下也肯攜手合作而取得最終勝利；但勝利已掩蓋不住兩大強國之矛盾，（分裂主要由雅典挑起），而矛盾也不止於政治軍事，希臘人之「個體性」更進一步的發展是以「自我」為中心，懷疑政客的動機、質疑神話的可信性、哲學家走上分解的思維路向，雅典成為所有分裂力量之源頭，傳統的文化力量已不足以維繫住個體們的團結，分裂、分離、分歧不斷湧現，「希臘精神」注定要沒落、消亡、逝去。

第三個時期涉及其消亡，它碰上那個有着較高級精神之民族。我們可以一次過講清楚：在每一個世界歷史民族的生命裏都會碰上同樣的歷程。(S224.4, W276-277)

　　嚴格來說，希臘人並非碰上羅馬人才滅亡，亞歷山大已經制伏了各個希臘城邦，而當其「精神」產生了異化時，其內部矛盾已令他們不能再站穩於世界舞台之上。由於黑格爾極之強調世界歷史之內在發展有着連繫性，故此總是認為一

個較高級的「文化精神」自會取代之前較低級者，這說法並非沒有道理，但不能說得太機械化，要結合現實歷史的發展來評述，不能牽強；說到底，有機生命的發展縱然有內在邏輯、內在法則，但作為有機物，它總會有時候獨樹一幟，在普遍性中產生偶然性，尤其當這個「有機物」是具有意志的人類時，其「個體性」可以大事標榜自己的特殊性、獨特性，令到要講「普遍性」的人大費周章，須要反覆思量箇中實況。

　　世界歷史並非沒有目的，但並不是必然會在這一週期的人類文明可以實現，人類的意志、意欲可以橫生許多枝節，以至於自我毀滅、自我乖離，自我添加許多內容，令世界歷史之終極目的變得更曲折而豐富。

第一篇

希臘精神之成素

> 希臘全境是「實體」，同時也是個體；【像東方世界】
> 這樣的「普遍」已被克服，對「自然」之沉醉已被揚棄，
> 於是「地理關係」之強大拘禁力也告同樣消失。(S225.1,
> W277)

「實體」代表統一，東方的實體以壓住個體而得到統一，
希臘的實體容許個體自由活動而予以統一，當中有着地理的
多樣性作為基礎；希臘人可以在海陸兩路穿梭往來而又融合
成為一個同一的文化群體。東方世界則各自形成一個同一的
文化體系，但個體沒有自由活動的地理條件，東方的個體被
拘禁在大地之上，沒有多元性，彼此都是大皇帝的臣民。

> 希臘境內由一塊以不同方式向海洋伸展的陸地組成，由
> 一群島嶼以及一塊本身便是島嶼的堅實陸地組成——伯
> 羅奔尼撒【Peloponnesus】不過藉着一條窄長的地峽而
> 連接到同一塊陸地之上；整個區域順着海洋而向八面四
> 方裂開，所有的地帶因此被切割成小塊，同時又輕易地
> 藉着海洋去保持關係及往來。(S225.2, W277)

在這境內，我們碰上【逶迤的】山嶺、狹長的平原、細小的山谷及河溪，這裡沒有巨川大河，沒有一望無際的單調平原，而是由山嶺及溪流所交錯形成的一片土壤，令到一個單一的龐大俗眾群體無從出現；在這裡，我們找不到像恒河、印度河那種東方式的自然力量，（在那平原上棲息着一個千口一面、毫無變化的種族，因為他們觸目所及盡是相同的地貌），而是隨處見到「分散性」和「多樣性」，這跟希臘民眾之多種多樣行為以及希臘精神之機動活潑是完全吻合的。**(S225.3, W277)**

希臘南北兩大塊陸地全靠科林斯 (Corinth) 的地峽連接起來，最窄處只有 15 公里，當然是易守難攻；愛琴海的海岸線約有 2,000 哩，島嶼約有 6,000 個，各島之間的平均距離只有 40 哩，便於航行者的補給、避風、交往，奧德修斯 (Odysseus) 在海上漂流了十年，航線遍及整個地中海，看盡了千奇百怪的海灣、海峽；面對如斯地理環境，個人自會生出闖蕩世界的雄心、豪情、壯志、機智、勇敢、開朗、獨立，這種精神狀態是東方世界所難以想像的。

這就是希臘精神之成素特徵，這是它自行形成的獨立「個體性」文化，它造就出這麼一種狀況：個別集團可以憑自己而立足，毋須依靠家長式的自然紐帶去統一起來，而是首先以一種另類手段去聯合聚眾——「法律」及精神性的「倫理風俗」；尤有甚者，希臘民族是最先一蹴即就的去到這個地步。(S225-226, W277-278)

黑格爾視希臘為世界歷史之青年期，因為他們一開始便以「法律」及「風俗」兩股力量來維繫集體之統一，前者規定個體有其公民權利，（從而減少對集體之不滿），後者以全城共慶的宗教節目來團結群眾，（加強彼此對國家集體之向心力）；他們得天獨厚，個體獨立而自由，群體則團結一致，那是夢寐難求的個體與群體之關係，東方世界的個體備受壓抑，羅馬世界的個體要跟政府長期抗爭，二者俱要經歷曲折的辯證發展才可擺脫困局，希臘人則享受了一段黃金時期才退出世界歷史之舞台，卻為後世立下了政治典範。

談到民族統一之源起時，所須考慮的根本環節就是那諸般的「散殊性」【Zerteilung】、那在自己本身內裡的「異質性」【Fremdartigkeit】，對此等狀況之首度克服乃構成了希臘文化之第一個時期，而只有藉着這「異質性」、藉着這「克服」，那優美的、自由的希臘精神才告誕生。(S226.1, W278)

希臘文化的源頭並非單一的，而是分散的、特殊的、異質的，甚至乎是有些矛盾的，早期的希臘人費了一段頗長的時間及周章才把這些不同的成素磨合起來，逐步形成城邦時期的優美文化；這個克服矛盾、克服異質性、克服散殊性的過程已有些少辯證發展的意味，不過那是長時間才形成的，「質變」並不太分明，希臘精神並非由東方世界的歷史兒童期所蛻變出來，它吸收了埃及的某些神祇，而又自行改造祂們，它與東方世界（埃及、波斯）為鄰，吸取後者的文化成果，但又沒有成為東方世界的一份子，這過程是磨合多於辯證。

黑格爾在這裡的第一篇就是努力去勾劃這個磨合過程，提出希臘文化在源頭上的異質成素；黑格爾的述說並不太有條理，因為早期希臘文化本身之發展就並不太有條理。

> 我們必須對這【發展】法則有一種醒覺：去設想一個優
> 美而又真正自由的生命能夠以簡單過程從一個拘限於血
> 緣及友情的種族裡產生出來，這是一番膚淺的蠢話。植
> 物之成長提供了最接近的寫照：它【看似】安逸而沒有
> 展開「異化歷程」，但究其實，它只有藉着陽光、空氣、
> 水份之「對立活動」才可活下來。(S226.2, W278)

生命的發展是曲折的，自然生命如植物已經是遠較想像
中為複雜，更何況是精神生命，當中「矛盾」是不可或缺的。

> 【然而】，真正的矛盾乃是精神性的，那是只有「精神」
> 才可擁有的，那是它在自己本身內裡的「異質性」；作
> 為「精神」而言，它要藉着所有這些異質性而去爭取其
> 【充沛的】元氣。(S226.3, W278)

史學家可以追尋到許多希臘文化的淵源，但沒有人能夠
像黑格爾般去追尋「希臘精神」之歷史成素。

在其開始發皇時，希臘全境的歷史便已顯示這類【種族】的遊移和混雜，部份是本土的，部份則完全是外來的部族，而阿提卡【Attica】正好成為不同部族和家族的避難所，這個民族將要登上希臘鼎盛期之最高峰。每個世界歷史性的民族俱以此種方式去塑造自己，亞細亞的王國則除外，它們處身於世界歷史的內在聯繫之外。(S226.4, W278)

阿提卡是雅典城外之平原地帶，那是希臘境內罕有的寬廣平原，雅典之富甲一方實有賴這個四通八達的平原作基礎，據此地利，希臘文化當然是以雅典為中心。

至於亞細亞的王國不能接上世界歷史的「內在聯繫」，原因並非在於沒有民族混雜，而是地理因素不足以激發東方個體之醒覺，令到「質變」沒有條件發生，不似西方世界由希臘民族而至於羅馬民族，再由日耳曼民族接棒走上歷史舞台當主角那般一脈相承。但在今天全球化的形勢下，東西方世界卻以另一方式在世界歷史的舞台上較量、互動。

> 於是乎，希臘人跟羅馬人一樣，它是由一個民族大雜燴、
> 一個最為參差的民族大合流所發展而來的；我們在希臘
> 境內所遇上的一大堆民族當中，很難講清楚哪些是真正
> 源出於希臘本土，哪些是從外地及世界各地遷移過來的，
> 須知我們這裡所談論的根本是一個非歷史的時代、一個
> 暗晦不明的時代。**(S226.5, *W278*)**

「非歷史的」(unhistorical)，意謂沒有歷史意義；對考
古學家重要的課題，歷史哲學沒有深究的必要。

> 當時的皮拉斯基人 (Pelasgi) 是希臘境內一個主要民族，
> 我們得到有關的消息是混淆不清而又自相矛盾的，學者
> 們費盡心思去令消息一致；一個模糊而暗晦的時代正好
> 是學術界的獨家課題和刺激。**(S226.6, *W278-279*)**

> 色雷斯 (Thrace) 是俄耳甫斯 (Orpheus) 的家鄉，它跟帖
> 撒利 (Thessaly) 同為文化曙光的最早據點，後來或多或
> 少地退居二線。**(S226.7, *W279*)**

色雷斯在愛琴海最北的沿岸地區，俄耳甫斯是傳說時代
的英雄人物之一，他們一行人冒險越洋去尋找金羊毛，俄氏
乃船上的歌手；帖撒利位於馬其頓的南面，挨近奧林匹斯山，
佔據愛琴海西北一角，以騎兵著名。

Phthiotis 是阿基里斯的家鄉，由這裡冒出了「希臘」這個共同名號，按照修昔底德 (Thucydides) 的說明，這名號的團結意義正好跟荷馬時代的「野蠻人」稱謂一樣，就連希臘人本身也弄不清箇中的差別；若要研究個別部落以及它們的遷徙，這就要留待專門的史學去跟進。(S226-227, W279)

粗略地說，希臘人的祖先原本是居住在東南歐的遊牧蠻族，由於沒有定居點，他們要經常處於戰鬥狀態，「野蠻人」之稱謂乃由此而起；又由於他們的語言相通，他們乃自稱「希倫人」(Hellenes)，希臘之名即由此而來。

約在 BC 2000 年間，他們分批先後沿多瑙河南下希臘境內，形成幾波的移民潮，各自建立半農半牧的定居點，逐漸形成文明和秩序；對於較早到達的移民如愛奧尼亞人 (Ionians) 而言，那些後來者如多利安人 (Dorians) 就顯得有些野蠻，斯巴達是後者之典型；荷馬史詩所描述的是 BC 1500 年間到達的亞該亞人 (Achaeans)，他們後來攻打特洛伊其實是集體性的劫掠行為。

> 一般來說，當一個地方的人口大增時，民族及個人便要離開故土，而亦因此之故，民族本身也處於遊移遷徙的狀態，並且相互劫掠搶奪，那觀察入微的修昔底德便說道：直到現在，來自 Ozolian 地區的 Locrians，Etolians 以及 Acarnanians 仍然保持古老的生活方式，就連攜帶武器也因掠奪成性而被保存在他們的風俗裡。(S227.1, W279)

> 提到雅典人，他則說道：他們是最早肯在和平期間放下武器的人。在未有經營農業的境況下，居民不單止要防範劫掠者，同時還要跟猛獸搏鬥，（在希羅多德的年代，在 Nestus 及 Achelous 河畔仍有許多獅子在盤踞），後來則專門以馴良的牲畜為洗劫對象，及至農業普及後，人們仍被擄走當作奴隸去販賣。修昔底德給我們描繪了更多有關希臘的原始狀態。(S227.2, W279)

> 由此可見，希臘全境俱處於這種躁動、不安、劫掠的狀態裡，而其部落則遊移於遷徙之中。(S227.3, W279-280)

由此可見，希臘文化從一開始便處於不停的運動之中；運動者，變動也，但多少有些主動求變的意味，而且兼有清洗積習以求進步的心態；東方文化也有變動，但較為被動，如中國人所說的「安土重遷」：如非必要，最好不要改變現

狀。影響所及，西方文化日後繼承了希臘文化之運動特性，不斷衝擊舊世界，逼着人類歷史不斷加速前進，令世道人心日益不安，看來需要東方世界的心靈自制才可予以減速。

古希臘人所賴以為生的另一個成素是海洋，其境內之特性為他們帶來了這種兩棲生活，讓他們可以隨意地來去自如；他們不似遊牧民族那樣居無定所，也不像大河流域的民族那般昏昏沉沉。海上作業的主要內容並非商業而是劫掠，從荷馬我們看到，海盜行為根本不當一樁丟臉的事兒。**(S227.4, W280)**

希臘人的祖先在歐洲內陸時已經掠奪成性，如今來到水道四通八達的愛琴海，簡直是如虎添翼，而且有陸上城堡作最後據點，既分散又團結，剛來到時並不顯眼，但歷史時機一到，便馬上綻放光芒。

平定海盜的功勞據說要歸功於米諾斯 (Minos)，而克里特 (Crete) 成為首個局面穩定的安寧樂土；也就是說，我們在斯巴達發現的情況早就出現過一次：一個管治集團強逼一眾其他集團去為它效勞辦事。**(S227.5, W280)**

　　黑格爾這裡的理解有些不當：斯巴達的情況跟米諾斯文明完全不同。米諾斯人早在 BC 2800 年便雄據克里特島（愛琴海南面的最大島嶼），他們以工商業為主，擁有強大的海軍以維持航道安全，但民族性格和平而開朗，跟斯巴達人以粗暴、陰暗手段欺凌周邊民族的心態完全不同。

　　但好境不常，在 BC 1450 年間，在克里特島以北的 Thera 火山大爆發，把整個米諾斯文明毀掉，一直虎視眈眈的邁錫尼人 (Mycenaeans) 便乘勢而起，他們是第二波到達希臘境內的亞該亞人，在愛琴海西北部建立了幾個小王國，BC 1200 年間組成聯軍越洋攻打特洛伊，但因征戰連年（荷馬說十年），令到本土的內政廢弛，陷入黑暗時期，最終由第三波來到的多利安人 (Dorians) 所取代，希臘開始進入輝煌的城邦時代。

　　我們剛才提過「異質性」是希臘精神的一個成素，而眾所周知，文化之開始跟異地人到臨希臘境內有關。對於這種倫理【文明】生活之淵源，希臘人在【其中】一種意識裡是心懷感激的，我們可稱之為神話式的懷念，在神話裡，他們有明確的回憶：農業是由 Triptolemus 所引

入，（他受到穀物女神 Ceres 的指導），以至於婚姻制度之建立等等；普羅米修斯 (Prometheus) 最先教懂人們生火及用火，（他的祖國遠在高加索），鐵器的流行同樣對希臘人是非常重要的，而荷馬只提到青銅器，埃斯奇勒斯 (Aeschylus) 把鐵器叫做 Scythian；至於橄欖、紡紗和織布技術之傳入，由波塞冬 (Poseidon) 所【馴養】創造的馬匹【等等】，皆屬於這類的懷念。(S227-228, W280)

高加索在黑海的東面，Scythia 則在黑海與裏海之間，都是希臘人的遠鄰。

於是乎，把異地人的到臨當作文化開始的說法就添上更多歷史細節，有人勾劃不同的國家是如何由異地人所建立起來：於是雅典變成是由一個叫 Cecrops 的埃及人所奠立，但這個人的背景卻是來歷不明；普羅米修斯的兒子是丟卡利翁 (Deucalion)，他的後人跟不同的部族扯上了關係；Tantalus 的兒子是 Pelops，他被說成來自遙遠的 Thrygia；還有來自埃及的 Danaus，由他而產生了 Acrisius、Danae 以及佩爾修斯 (Perseus)。(S228.1, W281)

Thrygia 位於小亞細亞內陸的中南部，Pelops 是萬王之王阿伽門農之祖父；佩爾修斯 (Perseus) 是斬殺蛇髮女妖的英雄人物，他的後人有顯赫一時的 Hercules，後者以完成十二項壯舉而知名。

據說佩洛普斯 (Pelops) 帶著大量財富來到伯羅奔尼撒，並在那裡得到極大的尊重和權勢；Danaus 在 Argos 安頓下來；尤其重要者乃卡德摩斯 (Cadmus) 之到達，他源自腓尼基 (Phoenicia)，他把拼音文字帶到希臘境內，希羅多德提到他時，也同意【希臘】這種文字源出腓尼基，並且引用古老的、當時仍然流行的銘文作證；傳言說：卡德摩斯 (Cadmus) 應該就是建立底比斯 (Thebes) 的人。(S228.2, *W281*)

根據傳說，卡德摩斯 (Cadmus) 有個妹妹叫歐羅巴 (Europa)，她被風流成性的宙斯拐走了，他們的父王吩咐幾兄弟到外地找尋，卡德摩斯 (Cadmus) 來到 Delphi 向阿波羅尋求神諭，太陽神勸他不要再找，因為宙斯法力高強，凡人是惹不起的，但若空手回去，則會受父王責罰，不如就在希臘落地生根；於是他便在雅典北面不遠處建立起底比斯，那是後來希臘悲劇伊底帕斯王 (Oedipus) 故事發生的所在地。

伊底帕斯王 (Oedipus) 是卡德摩斯 (Cadmus) 的後人，Electra 是佩洛普斯 (Pelops) 的後人，她為了替父親報仇而參與布局弒殺母親，成為另一個悲劇人物。

> 因此我們看到的是一樁涉及文明民族殖民的事情，他們在文化上超前於當時的希臘人；然而人們不可把這樁移民事情拿來跟英國人在北美洲的情況相提並論，因為這些英國人沒有讓自己跟原住民混合起來，而是把他們驅逐排擠，在希臘境內的殖民者則把「外來的」跟「本土的」混合在一起。(S228.3, W281)

希臘人本身便是移民者，他們當然不會抗拒有較高文化水平的外來人到臨，說不定，他們還會主動地到較高文化的地區學習、觀察。畢竟這是希臘文化的孕育期，富有好奇心的希臘人當然會整合一切對他們有利的文化因素以創造自己的美好生活。

這些殖民者到達之時間相當久遠，時維公元前十四及
十五世紀；Cadmus 據說在 1490 年建立底比斯的，
這跟摩西出埃及落在同一時段（公元前 1500 年）。
Amphictyon 同樣名留希臘建樹者之列，據說他在溫泉關
(Thermopylae) 一帶建立起一個同盟來，把希臘許多細小
的原生部落跟【強大的】帖薩利 (Thessaly) 連結起來，
由此形成日後那個偉大的 Amphictyonic 同盟。(S228-229,
W281)

這是一個相當古老的同盟，其目的在於保障 Delphi 阿波
羅神殿之中立性；阿波羅希望祂的神諭可以為所有希臘人服
務，故此要求周邊的城市開放道路予所有求問者。這是希臘
人維持團結的一個舉措，彼此在現實上雖有利害衝突，但從
淵源上大家仍是有共同之處，這跟舉辦奧林匹克競技會之用
意相通。

這時候，這些異地人藉著城堡之建設以及宮室之建立而
在希臘境內營造出堅固的中心點。矗立在 Argolis 古老城
堡的牆垣乃被稱為賽洛普式 (Cyclopian)，在較後的年代，
人們仍可找到類似的牆垣，由於其作工堅實，故此不為
歲月所摧：這些城牆部份由參差不齊的石塊疊成，罅隙
之處則填以細石，部份則由仔細切割好的巨石所接合而

成。這些牆垣乃屬於泰林斯 (Tiryns) 以及邁錫尼的，按據 Pausanias 所述，人們到現在仍可識別出邁錫尼那刻有石獅子的城門入口。**(S229.1, *W282*)**

Argolis 乃位於伯羅奔尼撒東北的一個半島，泰林斯在內灣靠近岸邊，邁錫尼離岸遠一些，二者俱是邁錫尼文化的重鎮，它們在 Thera 火山大爆發時似乎沒有被波及，滔天的巨浪剛好被半島像堤壩般擋著，避過一劫，乃取代 Minoans 成為愛琴海的霸主，建立起希臘文化之銅器時期，有豐厚的物力去築起巨石城牆，收藏寶物；Cyclop 是荷馬筆下的獨眼巨人，賽洛普式乃指巨石文化，這些建築理念和技術顯然不是希臘本土的：把一對獅子刻在一塊三角形巨石之上，再把巨石擱在門上入口處，內裡的東方色彩是明顯不過。

按照當時管治 Argos 的 Proetus 所說，這些牆垣是他從 Lycia 請來賽洛普人所建造的；然而，人們仍然相信那是古代的皮拉斯人 (Pelasgi) 所建造的。**(S229.2, *W282*)**

Lycia 是小亞細亞南面瀕海的地區，地理上已經接近埃及和敍利亞，前者的巨型建築舉世皆知，後者是美索不達米亞文化之覆蓋範圍，BC 3000 年已有巨型的太陽神殿建於貝卡

山谷。相比於這些東方建築而言，邁錫尼城牆乃如小巫見大巫，不過「巨石理念」已初步顯現在它們身上，日後才在希臘境內開枝散葉，到處見到石壘的建築物如神殿、劇場等。希臘人自己是不太願意承認他們的巨型建築原來有著個東方淵源。

在這些牆垣拱衛著的城堡裡面安置著英雄時代的王室居所，尤其矚目者乃為他們所打造的藏寶室，諸如 Minyas 在奧爾霍邁諾斯 (Orchomenus) 的藏寶室，Atreus 在邁錫尼的藏寶室；如今這些城堡成為了【鄰近】小國的核心：它們為農業提供一種較大的安全感，它們保衛商業免受劫掠；儘管如此，正如修昔底德所說，由於當時海盜猖獗，這些城堡並非建於沿海地帶，臨海城市要在較後期才出現。(S229.3, *W282*)

Minyas 是帖撒利的國王，奧爾霍邁諾斯 (Orchomenus) 在其王國的南方，離岸稍遠，但鄰近底比斯、Delphi 等地；Atreus 是阿伽門農的父親，1876 年德國考古愛好者海因里希‧施里曼 (Heinrich Schliemann) 在其藏寶室發掘出黃金面具，令這個地方更加名誦一時。

由此可見，那些王室最早開始了一種對群體生活之強化，從荷馬我們看到國王跟子民以及國王之間的相互關係：那並非立足於一種法律狀態之上，而是取決於財富、家底、武器裝備、個人勇氣、識見及智慧之卓越，以至最後【一項】的出身和門第，因為這些國王乃為英雄而被視為高人一等的種族。人民服從他們並非出於一種階級關係之差別，人們仍未受到壓逼，仍未處於家長式的關係，（在那裡只有氏族共同體或家族之首長才可以擔任政治領袖），也不是出於一種法律管治的明確需要，而不過是出於一種共同的需要：大家需要團結起來，不要心懷妒念和惡念，彼此一起去服從那擅於發號司令的領頭人。**(S229.4, W282-283)**

希臘從一開始便以「合伙人」的方式去壯大集體力量，彼此俱有自由意志，合則來，不合則去；這種組合方式是東方人所難以想像的，東方的領導人要求其他人絕對地臣服，絕難容忍異見份子以及異端行為，離心份子更要誅之而後快。形成「家長制」及「家天下」之根深蒂固意識。

> 國王擁有私人威信，卻要視乎他是否懂得去發揮和保持，但這些優勢不過是個人英雄的表現，這是由私人的功績而得來者，因此是不會持續的。於是我們從荷馬看到，珀涅羅珀 (Penelope) 之追求者在奧德修斯遠征未歸的情況下竟敢覬覦其家產，對他的兒子也沒有絲毫尊重；當奧德修斯往訪陰曹地府時，阿基里斯【隨口】打探一下其父之境況，言下之意，父親年紀老邁便不須受人尊重；當時的社會風尚仍然相當簡樸，國王要自行準備本身的飯餐，而奧德修斯要親自出力去建造本身的居所。(S229-230, *W283*)

珀涅羅珀 (Penelope) 是奧德修斯的妻子，貌美而賢淑，由於夫君離家已近二十年，音信全無，結果招來一群狂蜂浪蝶，逼她改嫁其中一人，並且在她家裡擅自狂飲大吃，喧賓奪主得非常過份，可見他們沒有把國王當作一個絕對的君主；阿基里斯的父親是佩琉斯 (Peleus)，他是那群越洋獵取金羊毛的勇士之一，回來後成為了國王，但英雄遲暮，阿基里斯成為了新一代的英雄，眼睛裡自然沒有父親當年的英勇事蹟。英雄終要被浪花淘盡，誠哉斯言。

在荷馬的伊利亞特 (Iliad) 裡，我們看到一位萬王之王、一位號令全民軍事行動的領袖，而其他的軍事巨頭則以自由顧問的身份來拱衛他；國王固然備受擁戴，但他必須事事妥貼安排，好讓他人折服，【有一次】，他冒失地對阿基里斯惡言相向，這就令到後者為此而退出戰事。(S230.1, *W283*)

有一次，阿伽門農為了跟阿基里斯爭奪一名女奴而發生口角，後者不理全軍之安危而堅持退出聯軍，阿伽門農這位萬王之王也沒有辦法制裁他。

個別的國王與民眾之關係正好是同樣的鬆散，民眾經常要求得到個別的關注和尊重。在他們的戰事裡，民眾並非作為僱傭兵而出征，不是作為農奴般愚昧的盲流而被驅上戰場，也不是為了私人的利益而戰鬥，而是要當他們所尊敬的領隊之伙伴，要作其壯舉及聲望之見證人，當他有需要時就充當其護衛。(S230.2, *W283*)

當時的國王扮演的角色似一個領隊、領頭人，他有雄心壯志，有興趣、有能力者乃可跟隨之，政治色彩仍未很濃，服從指揮並非是無條件的。

> 神祇世界同樣為這種關係提供了一個完美的比照。宙斯
> 是眾神之父,但每個神祇俱有著自己所獨具的意志,宙
> 斯尊重祂們而祂們也尊重宙斯,偶爾祂也許會斥責祂們
> 以至於唬嚇祂們,而祂們也會讓其意志得逞,或者繃著
> 臉地溜走退卻,祂們不會聽任事情走向極端,而宙斯大
> 致上會盡力滿足祂們,這個給點好處,那個讓些利益;
> 由此可見,天上的奧林匹斯世界跟地面的人間世界一樣,
> 都是由一種鬆散的紐帶來維持統一。

> 「王室政治」(*Königtum*) 仍非「君主政治」(*Monarchie*),
> 因為後者要在一個更大的社群才有此需要。(S203.3, W283-
> 284)

阿基里斯隨意在陣前退出固然是鬧劇,盲目服從絕對命令
則是悲劇,黑格爾認為去得到「理性國家」才是成熟的表現:
國家有客觀的制度維持運作,公民自覺地參與其中,服從法律、
修正法律,以理性的態度去處理「個體」與「群體」的關係。

> 在這情況之下,在這種【鬆散的】關係之中就發生了那樁
> 驚世大事,整個希臘全境聚攏一起去參與一個全民的軍事
> 行動,那就是特洛伊戰爭,並由此而跟亞洲開始了一種持
> 續的聯繫,這對希臘人來說是饒有意義的。(詩人們同樣
> 提到早期的 Jason 一行人遠征 Colchis,相比之下,這些先
> 行者的隊伍未免有些零落。) (S230-231, W284)

　　科爾基斯 (Colchis) 是金羊毛之所在地，位於黑海沿岸，要穿過狹長的 Hellespont 水道才可到達，Jason 是一行人的領袖，他號召到多名勇士隨行，諸如海格力斯 (Hercules)，俄耳甫斯 (Orpheus)，佩琉斯 (Peleus) 等人，聲勢上無疑不及特洛伊戰爭的希臘聯軍，但冒險精神一點也不低於後者。詩人荷馬對特洛伊戰事情有獨鍾，其他詩人如 Apollonius 則歌頌獵取金羊毛的英雄事蹟。

　　據說這次聯合行動乃因一位亞洲王子搶走了主人家的妻子而有達作客之道。阿伽門農運用他的權力和聲望去召集希臘境內的國王，修昔底德記述他的權威不僅來自其世襲的管治，而且也來自他的海上實力，（見荷馬之伊利亞特第二章，108 行），在【軍事實力】這方面他是勝人一籌的，這次集結顯然用不上外在的權力便完成了，整個大軍以簡單的私人【自願】方式便集結起來了，於是古希臘人 (*die Hellenen*) 就以團結一致的勢態亮相，絕後空前，他們的努力成果就是征服和摧毀特洛伊，卻無意把它變成一份恆產，因此沒有引發出往外移民的結果。**(S231.1, *W284*)**

考古學家在特洛伊發掘出最少十三層文化遺趾，希臘人的活動只是在第七至第八層之間，所以並非希臘人無意長期擁有這個戰略重地，而是太多強者覬覦此地，希臘人無力長期霸佔。

> 就「民族團結」的結果而言，這個僅此一次的行動並沒有帶來相應的「政治團結」。但詩人卻憑想像力去為希臘民族留下一幅關於他們的青春和精神之永恆寫照，而這幀美麗的人間英雄圖像【日後】乃浮現於整個希臘的發展和文化裡。(S231.2, W284-285)

希臘人在特洛伊戰爭的成果未必如荷馬寫的那般輝煌，不過詩人的渲染力卻世世代代地鼓舞著希臘人的英雄氣慨，讓他們有無比的勇氣去兩次擊敗波斯帝國的來犯，更史無前例地孕育出亞歷山大要反擊東方世界的雄心壯志。

> 於是乎，我們看到中世紀的整個基督教世界同樣為追求一個目的而自行集結起來：佔領【耶路撒冷的】神聖墓地。儘管計及所有的勝利，但到頭來他們也沒有什麼【真正的】收穫，十字軍東征是那個剛剛醒覺的基督教世界之特洛伊戰爭，他們要全力對付回教世界那種簡單的、自身一致的「明靜性」(Klarheit)。(S231.3, W285)

十字軍東征的政治目的如今已是人所共知，是否可以拿來跟特洛伊戰爭相提並論，那可細加斟酌；但基督教世界跟回教世界在觀念上的差別卻是分明易見，要想在區內引發戰爭最易不過的藉口就是挑起宗教上的分歧，只要挑動彼此的宗教情緒，戰事必然無可避免，昔日如是，今天也如是。

【希臘】王室開始瓦解，部份是由個人暴行所致，部份則日趨式微而至於煙沒。他們跟現存的人民之間並無任何真正的倫理性結合，人民跟王室這個處境同樣出現在悲劇【之編排】裡：人民是助唱隊，被動而無所作為，英雄們則建功立業，並且承擔責任，他們之間並不一致，人民沒有任何的話事權，只可以向神祇提出申訴，像國王們這一號如斯出眾的英雄式人物就成為了戲劇藝術的最合適對象——他們獨斷獨行，不會遵守每個公民都要服從的普遍法律，他們的事功和覆滅俱是個人的，人民跟王室出現了離心，這些人被視為異類，高人一等，他們要在其命運裡自行奮鬥，以至於備受命運的播弄。

(W231-232, W285)

　　黑格爾把助唱隊視為人民對英雄之離心表現，尼采則把助唱隊的誦唱看成為民眾對台上英雄的致敬，向他們獻上「形而上的慰藉」，好讓大家回到那「原始的太一」，（見《悲劇的誕生》）；二者的看法不同，其實沒有衝突，希臘人不願承受「個人英雄主義」的悲劇結果，他們要轉型至「集體英雄主義」，要向心於各自所屬的城邦，以城邦的光榮作為個人的光榮。

> 王室尊嚴推動他們完成了所要完成的事情，而這正好令到他們變成多餘的，王室世系是從內裡自招滅亡或自行斷嗣，而不是出於人民的仇恨、鬥爭；人們容許統治者之家族安然享用他們的財富，這是一個里程碑，【因為】隨後的人民政府沒有被視為某些絕對不同的事物。相形之下，我們看到其他時代的歷史跟此大有差距。(S232.1, W285)

　　希臘進入城邦時代之後，有些國家仍然奉行「王室政治」，斯巴達即其一，國王的家族是執政官的主要來源，但「執政官」之銜頭已意味着其權力受到其他政治力量之制約，希臘城邦的「王室政治」跟東方帝國的「君主政治」是大有差別的，前者是民主體制之其中一種，後者則強調專制的絕對皇權。

這些王室沒落【的情況】發生在特洛伊戰爭之後，從那時起便發生了許多的變化：Heraclidae 征服了伯羅奔尼撒，局面由此而安穩下來，現在該處不再受到民族無休止地遷徙之困擾，歷史發展下去變得更加暗晦不明，縱然特洛伊戰爭的個別事故已廣為我們所知，但隨後數世紀的重要事情我們就不太肯定了。**(S232.2, W285-286)**

Heraclidae 是海格力斯 (Heracles) 之後人，海格力斯 (Heracles) 即是傳說中那位力大無窮的 Hercules，他以完成了十二項壯舉而知名。但是否其後人征服了伯羅奔尼撒則不詳，一般的說法認為是 Dorians 的入侵而令到局面安定下來。由 BC 1100 至 BC 800 這三百年的所謂「黑暗時期」，其意思並不是說局面可怕駭人，而只是說這階段的歷史細節不詳而已。

若果我們不把修昔底德所提及的那場戰爭計算在內，（那是 Chalcidians 跟 Eretrians 在 Euboea 島上的戰爭，當時有許多民族參與），這段時間內並無任何聯合軍事行動出現過。城市各自為生計而耕耘，最多不過是跟鄰國交戰而稍稍露面，然而，在各自忙碌的孤立狀態之中，它們憑著貿易而興旺起來，就連由黨爭導致的分裂也擋不住這股進步的勢頭。**(S232.3, W286)**

Euboea 是希臘中部瀕臨愛琴海的一個大型的狹長島嶼，它好像是由內陸裂出來的樣子，形成一條狹長的水道，屏障著諸如溫泉關、馬拉松等戰略重地；Eretrians 是島上的原居民，Chalcidians 乃居住在愛琴海北面延伸出來的一個半島。上述這場戰爭的確不見經傳，總之，希臘城邦就在這無聲無息的三百年裡悄悄地站穩了腳步，然後由此踏足世界歷史之大舞台。

> 我們看到中世紀的義大利城市也以相同方式而達致高度繁榮，儘管他們對外對內皆有持續的鬥爭。根據修昔底德所說，那時的希臘城市之興旺乃可證諸於他們往八面四方派出的殖民隊伍，於是【我們看到】雅典及其殖民者便佔領了愛奧尼亞 (Ionia) 及一系列的島嶼，來自伯羅奔尼撒的人則遠去義大利和西西里；接下來，相對於更遠的地區而言，殖民地又成為了母國，例如米利都人在 Propontis 及黑海沿岸建立了許多【希臘】城市。(S232.4, W286)

愛奧尼亞是小亞細亞瀕海的一個地區，由於殖民者是希臘的 Ionians，因而叫那地區為 Ionia；至於米利都 (Miletus) 則是小亞細亞沿岸的一個商業重鎮，它的西面是愛琴海，

東面背靠波斯帝國；Propontis 是連接黑海與愛琴海之間的水域。大抵而言，雅典的海外勢力都在小亞細亞這一邊的沿岸城市和島嶼，斯巴達的海外勢力則在義大利及西西里這一邊。希臘第一位哲學家泰勒斯 (Thales) 是米利都人，至於那位高唱「萬物一體」的 Parmenides 卻居於 Elea，那是位於義大利南部的一個海港城市；兩位古代哲學家，一東一西，遙遙相對，似乎是各持己見的樣子。

這樣子派出殖民隊伍是一項獨特的現象，尤其是發生在特洛伊戰爭至居魯士 (Cyrus) 這段期間者，人們也可這樣解釋：在個別的【母國】城市裡，人民已把政府權力拿到手裡，國家事務已由最高機關來決定，經過長期的太平日子，人口及發展如今已相當興旺，緊接下來是大量財富的累積，與此同時，更嚴重的匱乏現象和貧窮現象就不斷的連袂出現；我們所理解的工業還未出現，而土地很快便被人佔據了。儘管如此，部份較為貧窮的階層不願屈於匱乏的生活方式，因為每個人也覺得自己是個自由的公民，於是剩下的唯一出路就是移民：在一個別的地方，昔日在母國過著匱乏生活的人可以自行尋找一塊自由【無主】的田地，藉著耕耘就可令自己【再度】成為自由公民；識是之故，「殖民」成為市民間達致多

少平等的手段，但這手段不過是一帖止痛藥，因為那原來的不平等乃由財富差別而起，而這種差別很快又再次出現了。(S232-233, W286-287)

居魯士 (Cyrus) 是波斯國王，於 BC 559-529 年間在位，在這段時間之前，波斯人跟希臘人仍未出現正面衝突，後者乃可在小亞細亞沿岸地區廣建殖民城市。

舊日的情欲又被新增的力量點燃起來，財富迅即被用於奪取國家權力，於是「僭主」(tyrant) 在希臘境內冒出頭來。修昔底德說：『到得希臘境內財富增加之日，那便是僭主在城邦崛起之時，希臘人就更加熱心於海上事業。』到了居魯士的時代，希臘境內之歷史已爭取到它真正的興味 (Interesse)，我們看到邦國現在已處身於它們那個特殊的使命之中，在這個時代裡，那獨樹一幟的「希臘精神」也告同時形成，宗教和國家制度隨之而發展起來。這是希臘歷史的重要階段，我們現在就必須去研究一下。(S233.1, W287)

　　「新增的力量」當然是指由海外殖民城市所帶來的商業聯繫，此中又以雅典受惠最多，故此「僭主政治」亦以雅典最為活躍。但黑格爾最有興趣的還是在這城邦時期所形成的「希臘精神」，此乃希臘歷史之真正興味所在，興味者，引人入勝之內涵是也。

　　當我們回顧希臘文化的開始時，那麼我們首先要再次強調希臘境內之地理特性並沒有一種【像亞洲】這種獨特的「統一性」，它並非由一種千口一面的特性所構成，（當中有一股強大力量壓在原住民身上），而是地形各有差異，並且短少了泰山壓頂的影響力；與此同時，那裡並不存在一種來自家庭團結以及民族團結的龐大統一性，而是要面對那駁雜紛陳的「自然」及其威力，要人們日益依靠「自己」以及自己那有限力量之延伸。(S233.2, *W287*)

　　西方文化能夠以希臘為其源頭實在是非常之得天獨厚。「希臘精神」之主要特色是「個體」獨立，獨立才有自由可言，而這又多得於其地貌之參差，逼出個人面對「自然」之勇氣，激發好奇心及征服的欲望，把歐洲文化推出到歐洲以外，也間接把人類文化推出地球之外，令人類的「自由」可

踏足於另一台階，當中實在多得於這股一往無前的「情欲」；相形之下，基督教講「博愛」，佛家及道家思想注重個人的心靈修養，這股「理性」力量雖煞不住「情欲」這列接近失控的歷史快車，但總可以減慢其車速。世界歷史就是在這兩股力量相互牽引之間而前進，但須注意「理性」才是世界歷史之目的，「情欲」不過是其手段而已。二者一經一緯，本末關係不能倒置。

> 於是我們看到希臘人分離又分散，【以致要】倒過頭來求助於「內在的精神」及「個人的勇氣」。【他們】備受身旁所有事物最為駁雜的刺激而又畏縮不前，面對大自然又會全面戒備和猶疑，【他們】倚賴偶然事物【的指引】，並會專注地聆聽外界。但這種對外界的精神性問詢有另外一面【的效果】，這正好要讓同一個的「自我」學會勇敢地和獨立地面對事物。此乃其文化裡及其宗教裡的簡模成素。(S233-234, W287-288)

希臘人在行動上十分勇敢，但在決定上卻相當猶疑，他們十分看重神靈的指引和指示，連蘇格拉底也要向阿波羅問事，由此可見一斑。但神靈的指示並非一定是理性的，這就導致悲劇不斷出現，希臘人寧可承受命運的播弄，也不敢違背天神的意志。

我們追尋一下他們的神話觀念是如此以「自然對象」為基礎的，（不是大量的去追尋，而只是在個別情況之下去追尋）。【比如說】，那位於 Ephesus 的 Diana 女神，（祂是作為萬物之母的「自然」），那在敍利亞的 Cybele 和 Astarte，像這類的一般觀念仍然留在亞細亞而沒有傳入希臘境內；希臘人不過是聆聽「自然對象」，並且藉着「內心的問題」去猜測箇中意義。正如阿里士多德所言，哲學乃由「驚奇」出發，於是乎，希臘人的「自然觀」同樣是由「驚奇」出發。**(S234.1, *W288*)**

位於 Ephesus 的戴安娜神殿是世界七大奇蹟之一，那位女神在當地的形象是豐滿的「露乳女神」，擺明是生育女神，但這豐滿的形像並沒有傳入希臘境內，傳入希臘境內者是身材矯健的 Artemis，她是月亮女神、狩獵女神、阿波羅的妹妹，羅馬人叫她做 Diana。黑格爾這裡想強調希臘人並非融己入物，而是借物以啟思，借着「自然對象」去開啟自己的思想；希臘人「主客對立」、「主客分裂」的心靈狀態已於此初露端倪，日後出現的 Pre-Socratics 只不過是順勢而行，他們以分解的思路去建立各人的「自然觀」。

> 與此同時，當「精神」碰上一樁異乎尋常的事情時，它
> 沒打算要拿來跟熟悉的事物相比，因為一種自然有序的
> 「知性觀點」以及比較性的「反思」仍未出現，而是當
> 碰上「大自然」的自然事物時，省躍的「希臘精神」就
> 會顯得非常之驚奇，它不會麻木地視之為理所當然，【縱
> 然】起先對「精神」來說是陌生的，它卻有信心和信念
> 去預感當中有着某些對己友善的成份，它有能力以積極
> 的態度去面對之。**(S234.2, W288)**

積極的「希臘精神」並非一下子便去到自然有序的「知
性觀點」，但「知性觀點」卻是這種精神的必然歸宿，希臘
哲學如是，西方哲學也如是。只有「融己入物」的東方思想
才可消融「主客對立」的局面，令思維進入「非分解」的層
次。「借物啟思」的心態把「物」予以對象化，而這裂痕一
經鑿破，便很難予以彌補的，這裡需要一點智慧，並且要讓
分解的道路走到盡頭才可來個突然的醒悟。

> 這些驚奇以及這些預感是此處之基本範疇，然而古希臘
> 人並不以停留在此方式而滿足，他們往內推進一步而向
> 預感發問，【他們】要把想法弄得明確一些，由此而把
> 預感當作意識之「對象」；經由「精神」之插手歷過
> (*hindurchgehend*)，自然事物成為了間接的事物，它不再
> 是直接的。【在一般情況下】，人們不過把自然事物當

作【外來的】刺激，而【事實上】只有經過「精神」之
處理，自然事物才可以產生刺激的作用；因此之故，這
個精神性源起【的說法】並不僅止是我們弄出來的一個
解釋，而是在它本身內裡就存在着一大堆希臘人的想法。
(S234.3, *W288-289*)

康德最明白這個「精神性源起」的問題：「認知對象」
之成立實在有賴「認知精神」之運作，感官受到外界刺激而
產生「感性予料」(sense data)，心靈要把形式的概念加諸於
這些感性內容才構成認知對象。古希臘人這時候仍未正式確
立分解性的認知思維，但距離這個階段已不過是一箭之遙。
換言之，希臘的宗教已蘊藏了「認知精神」的種子在內。

在潘神 (Pan) 的全幅面貌裡，【希臘人】那充滿預感的、
那渴望聆聽意義的行為就呈現於我們面前。潘神在希臘
境內並不是客觀的「全體」，而是不明確的事物，並且
連結着那「主體」之環節：在森林之寂靜裡，祂是無所
不在的震慄，因此在森林茂密的 Arcadia 特別受人崇拜，
（一種惶惶不安的恐懼就是一種莫名恐懼之慣常寫照）；
於是，這位令人不然而懼的潘神就作為笛聲而登場：祂
不僅僅止於【被理解為】內在的預感，而是潘神容許自
己在七孔牧童笛中被人聽到。(S234-235, *W289*)

潘神是牧羊人之神，祂有着半羊半人的醜怪外貌，最喜歡在森林裡跟小仙女調情，閒來吹弄一下他的魔笛，令到森林充滿神秘感；希臘人在此運用他們「主體」的心智，把森林傳來的笛聲聯想成為潘神的到臨，令自己產生不寒而慄的感覺，令自己進入一個不明確的世界。

在這些論述裡，我們發現一方面是那不明確的事物容許自己被人所察識，而在另一方面，那被察識的事物其實是「察識者」自己的想像和解釋；希臘人是這樣子去諦聽泉水的淙淙聲，並且去問詢箇中的意義，但那意義並不是泉水之客觀涵義，而是「主體」本身之主觀性察識，【他們】尋且把水仙子 (Naiad) 進一步提昇為繆斯女神 (Muse)，水仙子或泉水是繆斯女神之外在源頭，然而，繆斯女神的不朽歌聲並非人們所聽到的泉水淙淙聲，而是那「諦聽精神」之產物，那是「精神」在諦聽時由自己本身內裡所產生出來的。(S235.1, *W289*)

一般民族在初民階段都會曉得運用主觀的想像力，但沒有多少個民族會像古希臘人那樣明確地鎖住對象才去轉化箇中的含義。「分解思維」的第一步就是要鎖住對象，希臘神話如是，希臘的自然哲學也如是，可以說，希臘人是最早鑿

破混沌的民族，他們是最早開發出「重智精神」的民族，令到世界快速走向對立和破裂的局面。

對於自然以及對於自然變化之詮釋和解釋，（說明箇中的含義和意義），這是主體性「精神」之活動，希臘人名之為「解喻」（μαντεια），我們可視之為人類跟自然搭上關係之【原始】方式；「解喻」需要有題材和解釋人，（他要帶出全盤意義），柏拉圖由此而談及夢境以及人在病中的幻覺，那需要一個「解喻者」（μάντις）來解釋這些夢境和這些幻覺。(S235.2, W289-290)

古希臘人要解喻，要「自然」回答問題；日後的西方思想家要解釋一切他們想要研究的課題，令「重智精神」在西方世界綻放異彩，衝擊世界各地其他的文化心靈。這都是一脈相承的。

「自然已經向希臘人回答了他們的提問。」這說法要在此意義之下才算得上是正確：人們乃從自己的「精神」而得到自然對問題之回答；借着「直觀」而得到的答案是純粹詩意的，因為自然景象所描繪出來的意義乃由「精神」所引發。希臘人處處向自然追求一個解釋和闡釋。(S235.3, W290)

古希臘人的答案是詩意的，是粗糙原始的，但心態是重智的，分解的。有此心態作出發點，答案趨向精確化乃是指日可待，但答案越是精確，「主體」跟「客體」的裂痕就越加擴大，以致一發不可收拾。看看希臘的自然哲學家：Thales 努力歌頌水是萬物的始基，（萬物跟水渾然一體），他有一點點的分解傾向，但吐露心聲感受的意味較濃；來到 Parmenides 就不同了，他雖然用上了神話色彩甚重的詩篇形式，但觀乎其內容，他分明要努力證明「存有」之抽象特性是不可分割的，到了這個地步，希臘人的分解精神已經破繭而出，嗣後的原子論者更索性以原子來解釋宇宙之結構。至於雅典哲學家及日後的西方哲學家就不用再多說了。

荷馬在《奧德賽》(Odyssey) 最後一卷描述希臘人正為阿基里斯而全體陷於哀傷之中，海上忽然捲起一個巨浪，希臘人正想四散奔逃，經驗老到的 Nestor 站起來並向他們解釋這個現象，他說那是 Thetis 帶着祂的仙女們來為兒子的死而誌哀；【又有一次】，希臘人的營地爆發了一場【離奇的】瘟疫，祭師 Calchas 就給他們解釋：那是阿波羅在發怒，為的是希臘人收了贖金而又不肯放還祂的祭師 Chryses 之女兒。(S235-236, *W290*)

儘管仍有迷信色彩，希臘人的確事事要求有個解釋。黑格爾弄錯了荷馬史詩的篇名，上述兩件事乃見於《伊利亞特》(Iliad) 而並非《奧德賽》。

神諭整體上也是源出於這種詮釋的形式。最古老的神諭出自 Dodona，（在今天的 Janina 境內），希羅多德說神殿本身的女祭司來自埃及，而又聲稱這是一座古老的希臘神殿；神聖橡樹叢的葉子悉嗦聲就是預言之所在，樹叢本身同樣掛着金屬的鐃鈸，但鐃鈸相碰的聲音十分之不明確，而且沒有任何客觀的含義，這首先要經由聽得明的人講出箇中意義才有含義。於是 Delphi 的女祭司同樣在失神、失去知覺、沉醉於狂喜之中而吐出連篇的囈語，而那位「解喻者」僅僅加入一個明確的意義進去。(S236,1, *W280*)

不管用甚麼方式來傳遞神諭，希臘人重視的是那位「解喻者」；「解喻者」是「認知者」的前身，是希臘人「重智精神」的源頭，希臘人就是喜歡要弄清弄楚，不容許事情長期處於不明確的狀態，縱然粉身碎骨，招至命運的播弄，也非要弄清真相不可。

> 在 Trophonios 山洞裡人們聽到地下的水聲,以為是碰上
> 幻境。但是不明確的事物首先要經由那具有理解能力的
> 「精神」所詮釋才可以爭取到一個意義;仍須注意者,
> 「精神」所受到的刺激首先是外在的、自然的脈動,但
> 隨即就會同樣地在內裡轉化,那是發生在人類本身內裡
> 的轉化,就好像夢境或者 Delphi 女祭司的失神,那都
> 是要經由「解喻者」去詮釋才可令意義的真相大白。
> (S236.2, *W290-291*)

自然界的脈動對人類心靈所產生的震撼力最為直接而強
勁,故此「精神」最先去詮釋不明確的自然現象是順理成章
的;當「精神」懂得去「解夢」或者「解喻」時,那脈動已
非來自外界而是發於內心的要求;若進一步去「解惑」時,
那已經是「認識心」在起作用了。

> 在《伊利亞特》開場時,阿基里斯被阿伽門農激得怒不
> 可遏,正想拔劍相向,但他忽然放慢了手臂的動作,在
> 盛怒之下想起了他和阿伽門農之關係,詩人在此乃加
> 以詮釋,他說:那是雅典娜女神(代表智慧、理智)
> 現身而制止了他;【在另一場合】,當奧德修斯跟
> Phaeacians 玩在一起時,他把鐵餅擲得遠遠超過他人,
> Phaeacians 當中有一位向他表示友好,詩人於是認出這
> 個人是雅典娜女神。(S236.3, *W291*)

詩人的文化角色看來的確不止於講故事去娛樂大眾這麼簡單。

於是，凡認識到的這些意義就成為了內在的、有涵義的、真理性的事物，詩人們借此方式而成為了希臘人的老師，最出眾者乃荷馬是也。「解喻」根本上就是詩作，那並非隨意的想像，而是把「精神」安附在「自然」的那麼一種想像，並且是饒具意義的認識。因此之故，「希臘精神」大體上並無迷信成份，理由在於它把感性的事物轉化成為具有涵義的事物，即是由「精神」衍生出明確的事物；雖然，正如將要提及者，如果對意見及行為之規定乃出自「精神」以外的另一個源頭，那麼迷信又會從另外的一面闖進來。**(S236-237, W291)**

連詩人也習慣隨時解讀神祇的信息，希臘人「重智精神」之淵源及熾熱乃可見一斑，縱然由外地傳入來一些迷信色彩，這不過是希臘文化之過渡階段，不用費上多少工夫他們便會擺脫所有的迷信。

但「希臘精神」所受的刺激並不僅僅限於外在的以及內在的【源頭】，而是要把來自異地的傳統也包括在這裡：現成的文化、神祇和祭神儀式。長久以來這都是一個極具爭議性的問題：到底希臘人的藝術和宗教是獨立發展出來還是經由外來刺激所致？如果這個爭論由片面的「知性」【*Verstand*】來主導，這就會沒完沒了，因為說希臘觀念來自印度、敍利亞、埃及固然是歷史事實，正如說希臘觀念跟其他外來觀念是獨立的，這同樣是歷史事實。(*S237.1, W291-292*)

黑格爾嚴格區分「知性」(Understanding) 及「理性」(Reason) 之不同性質及功能：「知性」用上形式邏輯的思維方式，把不同的範疇套到經驗對象上面，因此而產生客觀的經驗知識，但這種思維方式卻不能探討生命發展之目的及發展過程之特性，要探討這些問題，黑格爾認為要用上「思辨理性」(Speculative Reason) 才成，這要換上另外一套可稱之為辯證邏輯的思維方式，這要預見精神生命之發展過程有着「正」、「反」、「合」三個階段：「正」是對目前狀況之肯定，（如人類之愉快的兒童期或青年期），「反」是對目前狀況之否定，（如人類進入成年階段便不會再做孟浪少年才會做的事情），由於這是自我之否定，由自己去否定自己，

這就構成一種內在矛盾，心靈並不可能長期處於破裂狀態之中，（如成年人可以在社會上為個人事業而努力打拼，但心靈空虛，老是要找尋更充實的人生目的），這就構成「質變」之動力，其人若由此而悟得生命之真諦，彼即可進入「合」之圓熟人生階段，若民族由此而悟出集團生命之真諦，彼之政治意識及政治體制就趨於圓熟。

黑格爾認為東方帝國能夠組織龐大的中央政府是政治理性之曙光，但由於個體們不能伸張自己的意志，東方世界乃長期停留在歷史之兒童期而沒有機會質變；西方世界則由希臘之歷史青年期開始質變，經歷羅馬人之長期破裂，（延伸至中世紀的混亂），來到近代歐洲日耳曼民族的「理性國家」才算進入「合」的階段。總之，黑格爾認為講世界歷史之發展及目的就必須放棄用「知性」的思維形式，否則便會陷入零碎議題的無休止爭論。歷史哲學所關注的議題是人類未來之去向、人類文化發展之內在目的。

希羅多德也同樣說道【II，53】：『荷馬及赫西俄德【Hesiod】為希臘人整理出他們的神譜，並且為神祗們改上別名。』（一句很有份量的說話，Creuzer 特別為此而做了許多研究），在其他場合他又繼續說道：希臘境內的神祗名字乃得自埃及，而希臘人卻在 Dodona 問神到底應否採用這些名字。這一切看來都是自相矛盾，但雖如此，整體來說是一致的，因為希臘人由所接受到的事物裡料理出精神性的東西來。(S237.2, W292)

赫西俄德生活於公元前八世紀的希臘，跟荷馬同期，他由愛奧尼亞 (Ionia) 搬回希臘本土的 Boeotia 務農，留下兩本著作：《神譜》只是簡單地把希臘諸神的資料作個彙編，沒有加入太多的文化詮釋，沒有甚麼深度，另外一本叫《工作與擇日》(Works and Days)，這書的性質跟中國人的曆書有些類似，用意在提醒務農者要注意季節的變化，點出農耕生活必須配合季節時令，不能隨意而行。至於 Creuzer 則是黑格爾同期的神話學者，他在 1810-12 年間出版了四冊的《符號學與古代民族之神話學》，看來確是一本力作。

自然的事物一經人們解釋過就成為了內在的事物。神性事物之源起從根本上也是同出一轍，就好比藝術一樣，希臘人的技術精粹尤其受惠於埃及，正如他們的宗教源頭可以來自異地，但一經他們獨立的「精神」所解釋過，他們就改造了一個項目，正如他們已經改造過別的項目一樣。**(S237.3, W292)**

當初，古希臘人一小股一小股的由歐洲內陸移向愛琴海，他們既不自大，也不自卑，只是好奇地觀察周邊環境以及遠近的異邦文化，既要爭取自己的生存空間，也不斷吸收異邦的先進文化，一邊吸收，一邊改造，從宗教到藝術，從航海到文字，沒有哪一項文化環節是他們自己原創的，因為他們原初的文化只是氏族社會的水平，是漂泊不定的遊牧民族，難得在境內讓他們找到無人爭奪的小塊土地立足，既受周邊的自然環境考驗他們的勇氣，也受惠於鄰邦的高級文化，令他們結合成為一個分散而又團結的民族，也有足夠的時間鑄煉出他們獨有的希臘文化，讓他們日後有足夠的力量去頂住兩次的波斯衝擊，以至於讓亞歷山大有力反擊波斯，希臘人的確得天獨厚。

> 人們到處可以找到這類宗教源於異地的痕跡，(Creuzer
> 在他的《符號學》特別言之甚詳)：雖然宙斯的風流艷
> 事看起來是某些個別的、外來的、偶然的事情，但祂可
> 以讓自己證明自己是奠基於外來的神譜觀念；海克力斯
> 【Hercules】在古希臘人當中就是這類的精神性人物，
> 他憑着一己之力量、憑着十二項壯舉而擠身奧林匹斯諸
> 神之列，藏於外來基礎的觀念不過是太陽完成了黃道
> 十二宮的運行而已。(S237-238, W292)

奧林匹斯世界的產生其實是一場神祇革命的結果：宙
斯的父親是 Cronus，祂屬於老一代的泰坦族 (Titan)，這一
代的神祇性格較為深沈，農業氣息甚重，統治者極之專橫，
Cronus 是第二代的統治者，為了防範子女謀反的預言成真，
乃把每名初生的子女吞噬，在宙斯將要出生時，祂的母親用
計讓他逃過一劫，長大後推翻了父親的統治，聯同五名兄姊
另外建立新的神祇世界，宙斯雖為眾神之神，但不專制，萬
事可有商量，祂十分尊重其他神祇的意志，故此眾神之性格
極之自由而活潑，希臘人在此明顯地改造了來自東方世界的
神祇系統。至於海克力斯的革命性乃在於他敢跟諸神分庭抗
禮，「人定勝天」的性格已在此顯露無遺，至於黃道十二宮
的東方色彩已無關重要。

「神秘性」不過是這類古老源頭【之殘渣】，當中所包含的智慧不會比那已存在於希臘人的「意識」裡者為高；所有的雅典人皆會在神秘事物裡頭尋求指引，而只有蘇格拉底不為所動，因為他清楚知道科學與藝術並非來自神秘事物，而智慧永遠不會藏身於【隱約的】秘密當中，相反而然，真正的科學乃來自「意識」之開敞性領域。**(S238.1, W292-293)**

希臘哲學誕生已預告了希臘神話之終結。事實上，希臘人的「重智精神」早在蘇格拉底之前的自然哲學思想裡呈現，不過卻以最戲劇性的一幕發生在蘇格拉底身上，他被雅典人控告的其中一項罪名竟然就是藐視神靈。最後他伏法而死，卻催生了雅典哲學，希臘人的思維方式開始轉入概念的、分解的、科學的層次，宗教神話只成為了一般的風俗習慣。

現在我們就來總結一下「希臘精神」是甚麼，那就要識認出這裡【牽涉之】根本規定【*Grundbestimmung*】：希臘精神乃取決於「精神之自由」以及它跟一種「自然刺激」之重要聯繫。希臘的自由是經由其他事物之刺激而至於自由的，【在過程當中】它自行改造了以及創造了「刺激」。**(S238.2, W293)**

「根本規定」(*Grundbestimmung*) 即是本質要素，希臘精神之本質在於從「自然刺激」裡引發出「精神」之自由——希臘人的心靈跟東方亞洲人的心靈不同，後者同樣受到「自然刺激」，卻不會產生改造這個外來刺激的念頭，而是「融己入物」，不讓主客產生對立，不去把「外物」當作改造對象、認識對象；古希臘人雖然暫時跳不出「物格化」的層次，但他們的「認識心」已在這個「外來刺激」的層次裡開始活動，源頭一經啟動，日後必可濫觴。

> 這個規定乃合乎人類的「無我狀態」【*Selbstlosigkeit*】以及無限的「主體性」【*Subjektivität*】之間：前者就正如我們看到的亞細亞法則一樣，精神的事物與神性的事物又會堅持自然的方式；後者自己本身作為純粹的「肯定性」【*Gewißheit*】，它是「思想」，是「自我」之土壤，是足以令所有事物產生效用之土壤。(S238.3, W293)

黑格爾認為神話時代的希臘精神在本質上乃高於東方世界的「無我狀態」（即融己入物），中國禪宗的修為就是要打消這個「自我」，從世俗的塵心到建立概念名相的認識心俱要打消；但古希臘人在神話時代便已打開了「認知主體」之大門，雖然跟東方人一樣停留在自然的方式，但等到哲學

時代的來臨，這個「認知主體」便會無限擴大，凡事皆要問本質，辨對錯，建立起龐大的思想體系以解釋世間一切事物，令一切事物也成為分解思維的對象。

> 希臘精神作為中間狀態乃由「自然」出發，並且出於它的自願而走向定型 (Gesetztsein)。所以「精神性」在此仍非絕對地自由，仍非全面性地由「自己」出發，（刺激出於精神本身）。希臘精神由「預感」和「好奇」出發，繼而更進一步去把意義固定下來。(S238.4, W293)

觸動希臘精神活潑起來的刺激乃為他們對自然之預感和好奇，這是外來的，並非純粹出於心靈之自發活動，這令希臘精神在思想上暫時跳不出「物格化」的層次，不過卻造就出他們希臘人的藝術主體大放異彩之機會，「造型藝術」也就順勢而出，獨樹一幟。

> 在「主體」本身那裡也會創造出這種「統一性」。在人類的自然層面是心緒、性向、情欲、脾氣，現在這些自然層面已被改造成為自由的「個體性」。於是【人們的】品格就不再跟那普遍的倫理力量（作為責任）拉上關係，而是把倫理的【要求】看成為獨特的存在和感性之意志以至於個別的主體性，這正好把希臘人的品格塑造成為

> 優美的「個體性」，那是經由「精神」所創造出來的，在過程中它把自然的事物更改為對自己之寫照。(S238.5, W293)

所謂「主體」在本身那裡創造出「統一性」，乃指希臘人的藝術主體以自己本身之自然層面作為創造的題材。他們的認知主體以外來刺激為研究對象，當中沒有甚麼高見，因為他們的思想水平跳不出一種所謂的「物格化宇宙觀」，（這說法見於方東美的《科學哲學與人生》1965），但藝術主體處於這種「物格化宇宙觀」下則沒有相干，這反而帶來了一種「人性」的解放。

在道德人格或品格的要求下，個人理應壓抑自己的自然傾向，諸如弱肉強食、亂發脾氣、追求情欲的滿足等等，轉而要多講責任，注意行為之檢點；但在希臘人崇尚「自然」的宇宙觀之下，他們的文學家、雕刻家無不歌頌這些自然會流露的自然傾向：英雄氣慨、足智多謀、隨機應變、冒險犯難等等俱被美化為優美的「個體性」表現——戰場上歌頌阿基里斯及亞歷山大，流浪中則歌頌奧德修斯，神話裡的普羅米修斯、海克力斯都是極具個性的人物。

　　這些人物一方面固然是希臘藝術家的創造出來的，但另一方面這又未嘗不是他們希臘人以至於西方人對自己之寫照，他們相信人性之價值就在於開創輝煌、激越的人生，這跟東方人處處要服從道德、權威有很大分別：前者豪情奔放得來有些魯莽，後者自我抑制得來有些過份；前者充當歷史之先鋒，橫衝直撞，激發世界歷史之動力，後者之政治意識容或長期停滯於兒童期的水平，但滿有和親力，最有能耐去承受來自西方的衝擊，讓世界歷史有喘息的機會和空間，讓人們對世界歷史之終極目的有些憧憬。

　　希臘人美化了人性這一面，結果是強化了世界歷史之動力。

「精神」這裡的活動仍未曾在自己本身那裡具備表達之材料和器具【Organ】，而是它需要自然的刺激和自然的素材；它不是自由的，不是由自己本身來決定的「精神性」，而是把「自然性」改造成為「精神性」——精神的「個體性」。**(S238-239, *W293*)**

　　黑格爾把藝術表現分作三個層級：日後歐洲的浪漫型藝術最高級，藝術家的「精神」可以完全駕馭表達形式而不再受制於「自然」，作者可以自由地選擇不同的表達形式諸如詩歌、戲劇、小說、音樂、繪畫、舞蹈等，而且可以充份表達作者之理念；希臘人的古典型藝術處於中間，他們在自然的層面統一了表達形式與題材內容，他們以自然的雕塑方式去表達英雄人物之自然個性，在某個程度上體現了「藝術精神」之精神性；以埃及人的金字塔建築為代表的是象徵型藝術，那龐大的體積及沈重的材料徹底壓倒了理念，人們難以明白作者想表達甚麼精神性的內容。希臘藝術比上不足，比下卻又有餘。

　　希臘精神即是型塑藝術家【*plastische Künstler*】，他們把石頭塑造成為藝術品，經過這個塑造，「石頭」已不再僅僅只是石頭，也不再只是外在地加諸其身上的形式，而是在違反其本性之下變成了「精神」之表達，並由此而被改造了。**(S239.1, W294)**

藝術風格可以有差別，造詣當然更有高低之分，但藝術創作只不過是作者要表達其內心的精神、理念，他要轉換心態，不把手上的材料當作自然事物看待才行，他硬要違反其自然的本性才可讓它裝載著自己的精神、理念，令它成為一件藝術品。在藝術家眼中，「石頭」已不再僅僅只是石頭。

> 反過來看，藝術家為了其精神性的構想，他需要石頭、顏料、感性的形式去表達他的理念，缺少了這些成素，不僅他本人不能意識到理念，而且理念也不會把自己化作其他【表達形式】的對象，因為理念未能夠在「思想」裡令自己成為對象。**(S239.2, W294)**

只有哲學家才可以在「思想」裡去探索、擴充「理念」之內容，思想是運用抽象概念去表達之方式，這不是藝術家的門路，藝術家必須借助感性的形式去表達他心中偉大的構想和理念，譬如說耶穌受難，藝術家不可能用概念的方式去講出箇中的宗教意義、哲學意義，他必須運用音樂、畫作的感性形式去呈現這個理念之偉大感召。

埃及精神同樣是這種素材加工者，不過「精神」仍未征服「自然」，它膠著於要跟「自然」搏鬥與爭鬥中，「自然」依舊停留在為其自己【的形態】，並且堅持作為作品的一個面相，就正如獅身人首像的軀體一樣。在希臘人的美感世界裡，「感性」不過是「精神」借以彰顯自己之印記、表露、外殼而已。(S239.3, *W294*)

埃及人為什麼會構思出一個獅身跟人首結合的塑像，其用意至今仍是個不解之謎。黑格爾視之為精神未能徹底征服自然所致，也可能是埃及人根本不當這是一件藝術品，他們要表達的理念並非藝術性的。

尚須補充一提，由於在希臘精神裡是這些造型雕塑家，他在他的作品裡認識到自己是自由的，因為他是它們的創造者，而它們就是所謂的「人類作品」；但它們並不僅止於此，它們是永恒的真理，而且是「精神」在己而又為己之力量，正正由於那是人類所創造出來的，那彷彿又不是【人類所】創造出來的。

在這些形象和塑像面前，他是懷著尊重和敬意的——在奧林匹亞【競技場裡】的宙斯像面前，在【雅典】衛城上的 Pallas 守護神面前，就正如國家法律和倫理風尚面前一樣。

但他（人類）是孕育它們的子宮，他是它們所吸啜的奶房，他是簽發【*gezogen*】它們偉大和純粹的精神【署名人】。

於是他內心滿懷喜悅，那不單止是在己而為自由，而且是連帶著對其自由之意識，於是人類的榮光乃被編織到神祇的榮光那裡去：人類在己而又為己去禮敬神祇，但那同時是作為他的活動、他的製作以及他的存有 (*Dasein*) 而然者也。於是神祇藉著人類之禮敬而得到了祂們的榮光，人類也藉著對神祇之禮敬而得到了他們的榮光。 (*S239.4, W294*)

一段很有氣勢的說話。自然的素材頑強地堅持那「為其自己」(for itself) 之本性，藝術家則奮力去把那「在其自己」(in itself) 的空洞構思加諸於素材身上，於是那具體的製成品就是精神之「在其自己又為其自己」(in and for itself)，或簡潔些譯作精神之「在己而又為己」，那是精神轉到具體的裝載去實現其自由。希臘人為自己塑像、為神祇塑像，以至於在民族的集團生命裡塑造優美的政治制度。

於是優美的個體性被確定下來了【*bestimmt*】，它構成了希臘品格的中心點。現在需要仔細地考察這個「概念」在落實自己【*sich realisiert*】的所輻射出來的特殊光束，我們可以把所有的「造像藝術」收入一個三層架構裡來理解：作為主觀性的藝術作品，（即是作為人類本身之造像）；作為客觀性的藝術作品，（即是作為神祇世界之造型）；作為政治性的藝術作品，那是憲法的方式，也牽涉到個體們在當中的處境。**(S239-240, W294)**

黑格爾把希臘之品格、特性當作一個可發展之「概念」來看待，在這個題為「希臘精神之成素」的第一篇裡，他根據地理、歷史、民族性等成素而確定出這個概念之內涵就是優美的個體性，它像種子一樣會在現實世界裡實現自己 (actualize itself)，令「世界精神」在希臘文化裡展現青年期之自由。

第二篇

優美個體性之形態

第一章：主觀性的藝術作品

> 人類帶著他的需要而以實用的方式去跟外在的自然打交
> 道，為達乎此，為了滿足這些需要以及耗用自然【物
> 資】，他自己要介入到勞動裡去；因為自然對象是頑強
> 的，並且會作出諸般抗拒，為了征服它們，人類須要引
> 入其他自然事物，轉而令自然對抗自然本身，並為此
> 目的而發明了工具。這些人類的發明乃屬於精神【之
> 創造】，而這些工具乃高於自然對象而須予以尊重。
> (S241.1, *W295*)

勞動乃源於人類對物質的要求，由此而說文化發展背後
有個物質基礎也是合理的，但由此而創造出工具，那分明是
精神的成果，精神不會停頓在創造工具的層次，而會向上發
展出更高級的文化環節，以致於要求人類自我約束對物質的
需求；另一方面，更高的生產力也會引發出更大的物質需求，
並會衝擊原先已建立起來的政治秩序、文化秩序，可見「心」
「物」兩種力量是互動的，不能說何者較具決定性。黑格爾
雖然歌頌「精神」之偉大，但在這問題上他的看法是中肯的：
物質、情欲是世界歷史之動力，精神、理性才是世界歷史之
目的。

我們同樣看到希臘人尤其懂得欣賞工具發明，因為在荷馬那裡正好矚目地顯出人們深好此道：提到阿伽門農的權杖時，卻變成了對其製造過程之詳細描述，提到大門在軸上自轉時的動作細節，提到軍械和器械時，【詩人總是】帶著稱心滿意的語氣。人類征服自然所帶來之榮譽乃歸諸於神祇們的身上。(S241.2, W295)

從流傳下來的文物可見，戴在希臘戰士身上的頭盔和護甲俱打造得相當巧妙，從設計到技術水平都很有心思，只是希臘人未曾意識到那是他們重智精神的一個環節成果，而要歸功於一眾神祇。

但人類現在又會利用自然之另一面來作裝飾，其意義不過是【作為】一種財富之象徵，以及【作為】人類親手製造出來的現存物事之象徵，我們看到荷馬時代的希臘人早已相當盛行這種裝飾興趣。

野蠻人及文明人俱會裝飾自己，野蠻人停頓於自我裝飾，那就是藉著一種「外來之物」去炫耀他的軀體。

但裝飾的本性規定不過是對一種現存的「他物」作出裝飾【改造】，那就是人類的肢體，那是人類直接在自己身上找到的【裝飾對象】，而正如他要改造一般的自然物事一樣，他要改造自己的肢體。(S241.3, W295-296)

野蠻人以一種外來之物去炫耀自己的身體，但也未嘗不會去改造自己的肢體；希臘這些文明人要改造自己的肢體，但也未嘗不會藉著外來物去炫耀自己，二者看來只有程度上的分別，而非本質上有差別。

因此最高級的「精神性興趣」就是為「意志」而把軀體打造成完備的器具，一方面令技術再度成為其他目的之手段，另一方面可以顯出自身便是目的。現在我們於希臘人身上找到個體們這種衝動要去自我展示，並由此而自得其樂。(S241-242, W296)

不容否定，改造自己的肢體這個文化行為牽涉到較強的個人意志和精神性的意念，這已不是一般意義的裝飾了。

感性的享受並非其「和平狀態」之基調，就連對迷信之倚賴和沉溺也不是；他們使勁地去鼓動【自己】，要刻意在自然裡確立他們的「個體性」，就像他們受到自然賦予力量和好處而去徹底崇拜自然一樣。「和平狀態」乃隨掠奪生涯之結束而來，慷慨的自然同時也提供了保障和閒暇，他們轉而去關注其「自我感受」，他們要向自己致敬。(S242.1, W296)

東方帝國在安定下來之後，上層社會的生活便趨於奢華；希臘人暫時未能擺脫自己對迷信之倚賴，但他們不尚奢華，轉而把精力和物力用於藝術創造，第一屆奧林匹亞運動會在 BC 776 舉行，希臘人開始以改造自己肢體的方式而確立其造型藝術。

但是，一方面由於他們要藉著征服迷信【才可】爭取到獨立的個體性，於是他們也沒有【即時】變得過於自負；相反而然，本質性的【突破】必須首先成為事實，他們才會變得相當自負。(S242.2, W296)

第一位自然哲學家是泰利斯 (Thales)，生卒年份約在 BC 624-550，這標誌著希臘人開始征服迷信；到得辯士 Protagoras 高唱「人乃萬物之尺度」，希臘人才明顯地變得自負起來。但在此之前，他們更喜歡從事藝術創造。

愉快的「自我感受」由此而構成了希臘人的主要特性和重要事務，那跟感性的自然世界及需要相反，那並非只是為了自我排遣，而是要自我展現，尤其要展現那是自我努力【之成果】以及自我之樂在其中。就像小鳥在空中歌唱那麼自由自在，這裡流露的不過是人類藏於他內裡的無拘無束人類本性，自己要藉此去表示意見以及爭取承認。(S242.3, *W296*)

在這期間生活的希臘公民和藝術家是世界歷史上最自由的，青年期的特性也不外乎此而已矣！

這就是希臘藝術的主觀性起源：人們從中鍛鍊他們的體魄，在自由優美的動作和紮實有力的技術裡去成就一件藝術品；希臘人在把優美的形態客觀地表達於大理石和畫作之前，他們首先【主觀地】把自己本身表達成為優美的形態。(S242.4, *W297*)

主觀性的表達藝術作品有兩個特點：第一是以自己的身體作為作品的素材；第二是事前沒有客觀性的概念構思，而是自自然然地在歡樂的遊戲競技中產生出來，當中會有技術的鑽研，但那並非事先想好的訓練計劃，也不會有太多的得失計算；縱然優美的動作一幌即逝，但剎那便是永恒，就如

青年人不會想到要留住青春，到得想要把優美的動作記載下來，那就要事先有個概念構思。

在競技中進行無傷害性的比賽是相當古老的，每個人在比賽中盡力逞強。荷馬以一種華麗的方式去描繪阿基里斯向 Patroclus 致敬而舉辦的競技會，但在他所有的詩篇裡也找不到他對神祇塑像的勾劃，他不認為 Dodona 的神殿以及 Delphi 的阿波羅藏寶室值得花費筆墨；荷馬筆下的競技遊戲包括有摔跤和拳擊、馬匹和馬車競賽、擲鐵餅或者擲標槍，以致於射箭比賽，夾雜在這些項目中間是參賽者的載歌載舞，他們既表達而又享受那歡樂的、群體的愉悅，藝術也以同樣的方式綻放優美之花。

在 Hephaestus 為阿基里斯盾牌所設計的芸芸主題當中，最突出者是健美的青年男女如何踏著純熟的步法在奔馳，就像陶工飛快地轉動他的盤輪一樣，眾人站在旁邊看得著迷，來自天上的歌者以豎琴伴著歌聲，而兩名舞者就在圓圈中央盤旋起舞。(S242-243, W297)

Patroclus 是阿基里斯最親密的戰友，在特洛伊戰場上為敵方所殺，阿基里斯為了向他誌哀，特地用自己的財資為他舉行一次軍中競技會，荷馬在此確實花了不少筆墨。

Hephaestus 是火神，也是工匠之神，由於阿基里斯的母親 Thetis 對他有恩，故此精心為他打造天下第一盔甲。黑格爾則注意到盾牌上的設計充滿青春氣息。

> 開始的時候，這些競技遊戲以及藝術只會因私人事故和在特殊場合而舉行，（連帶著他們的享受以及他們的榮譽），隨後卻成為了一樁民族盛事，並且會在特定的時間和特定的地點舉行，除了在聖地 Elis 有奧林匹克競技會外，還會在其他地點慶祝 Isthmian，Pythian 及 Nemean 競技會。(S243.1, *W297*)

最典型的主觀性藝術應該產生於早期的偶發性小型競技會，因為根本不知道何時會舉行，參與者不須特別事先作出訓練安排；到了成為全民盛事時，當中已夾入較多的計算，不及從前的單純、優美，不過話得說回來，奧林匹克運動會根本是個政治協商出來的產物，參賽國家不可能完全沒有政治盤算，運動員也不可能完全不顧個人的得失榮辱。

現在我們就去考察一下這些遊戲之內在本性，那麼最先要考察者乃遊戲跟嚴肅、倚賴和需求處於對反位置【的問題】，在此等摔跤、競走、爭持當中並無任何嚴肅事情在內，當中並無任何自衛的需要。「嚴肅」是跟「需要」連在一起的作業：「我」或者「自然」必須屈服，如果當中一個站得住腳的話，另一個必須倒下去。(S243.2, W297-298)

人類為了生存的需要而跟大自然搏鬥，這確實是相當嚴肅的事情；希臘人的競技遊戲不涉及生存的需要，卻把嚴肅性提高至爭取精神上的自由。

儘管這跟嚴肅對反，但遊戲現在卻保有更高級的嚴肅，因為「自然」已被改造成為「精神」，而且，若然「主體」仍未臻抵思想之最高【水平】，那末【最低限度】人們在這種體魄訓練中展現他的自由，也就是說，他已經把肢體改造成為「精神」之器具。(S243.3, W298)

孟子說：「衣食足而後知榮辱。」對儒家來說，更嚴肅的事情就是藉著道德的善惡抉擇來展示精神之自由，希臘人則藉著肢體之訓練來展示精神之自由；前者內斂，思前想後，在理想與現實之間苦苦掙扎，後者外露，當下即是，一往無前。

> 人類在他的器官之間有一種本身直接就是一個元素，那就是聲音，它允許並要求一個不僅止於「感性當下」的更進一步內容。我們看過「歌」怎樣跟「舞」結合並為之而服務，但「歌」隨後就會同樣地獨立起來，並引入樂器去為它伴奏，它已不再是毫無內容的歌聲，【後者】好比一隻鳥兒在轉調，雖可被說成為情感【之表達】，但卻沒有任何客觀性的內容，而是會要求「想像力」及「精神」為自己提供一個內容，並且會自行進一步去成就客觀性的藝術。(S243.4, W298)

主觀藝術所要表達的就是「感性的當下」，如運動員在競技場合表現出來的優美動作，轉瞬便會即逝，參賽者事前沒有構思，因此也沒有任何的客觀內容；當「精神」或「想像力」有個主題構思，客觀內容便產生了，藝術也就由主觀性轉入客觀性了。

第二章：客觀性的藝術作品

假若順著「歌之內容」追問下去，那就要說，當中本質的及絕對的內容乃是宗教性的。我們已看過「希臘精神」之概念，其宗教乃別無其他，那不過是把這概念作為本質而去成就出對象來；根據這個概念，「神祇界」同時不過是把「自然力量」作為包含在自己的元素，並且改造成為「精神力量」。(S244.1, W298)

在黑格爾的眼中，一個民族及其文化之最高級內容乃為宗教。希臘的宗教也很簡單，他們希臘人把自然界的力量想像成為神祇界的精神力量，例如宙斯被視為擁有施雷放電之能力，阿波羅被視為擁有駕馭太陽之能力。

關於這些作為起源的自然元素，那只不過是想像力在獲取精神力量時的一個類比性相似，因為希臘人把神祇當作「精神」來崇拜；為此之故，我們不可以把希臘神祇跟印度神祇相提並論，後者的內容是某種說不清楚的自然力量，而所描繪出來的人類型像也不過是外在的形式而已，前者的內容卻是「精神」本身，而「自然」不過是個出發點。(S244.2, W298-299)

希臘人所想像出來的神祇世界是他們內心渴望自由的產物，「精神」之目的就是追求自由，希臘人藉著神祇所擁有的「自然力量」來表達「精神力量」，奧林匹斯諸神自由自在，型態優美，各有個性，令人世間嚮往。

不過我們必須說出另外的一面：希臘人的神祇仍非絕對的「自由精神」，而是落在特殊方式、受到人類限制之「精神」，那仍然是要倚賴外在條件的一種特定個體性。客觀的優美個體性就是希臘人的神祇，神祇之精神在此備受限制，以至它本身仍非「精神」之為其自己【*Geist für sich*】，而是仍在感性地彰顯自己，換言之，那「感性的」不是它的「實體」【*Substanz*】，那不過是它底彰顯之元素而已。(S244.3, W299)

希臘人把神祇們想像成為像運動員那般優美的個體性，每個神祇各有可愛的性格和能力，自由自在地穿梭於天上人間，但也因此而沾上人類的感性限制，諸如喜歡吵架生事，自我中心等，故此雖有「精神」，卻是很初步的「自由」體會，不能跟耶穌降生成為「聖子」那種「精神」之為其自己相提並論；但希臘的神祇又不是以「自然」作為他們的「實體」，祂們是藉著「自然」來彰顯那非常初步之「精神」實體。

這個概念必須成為我們考察希臘神話的指導性概念，而我們必須牢牢地抓緊這個概念；部份【理由】出於那些博學之士已為這些神話堆起如山的資料，部份【理由】出於那具有破壞性的「抽象知性」【*Abstrakten Verstand*】，它令到這些神話像古代希臘歷史一樣成為最混亂的研究領域。**(S244.4, W299)**

黑格爾嚴格區分抽象的「知性」(abstract Understanding) 以及具體的「理性」(concrete Reason)，前者所產生的概念不足以具見「精神」之發展法則和過程，因為那只不過是應用了形式邏輯之範疇去理解事物之間的關係，但這些都是外在的關係，（諸如因果關係），這些概念被黑格爾稱為「但概念」(mere concepts)，那不能成為指導性的概念。若要掌握「精神」如何在不同民族的文化環節裡發展不同層次的「自由」，那需要用上「理性」之思維，那是思辨的(speculative)，也是辯證的 (dialectic)，因此才會產生具體的概念。黑格爾所掌握到的「希臘精神」概念就是優美的個體性之發展，這種形式的自由可具見於他們的藝術、宗教以致於政治。

> 在「希臘精神」之概念裡，我們發現「自然」與「精神」
> 這兩個成素乃處於此種關係：「自然」不過構成【整個
> 發展過程之】始發點。希臘神話這種對「自然」之低貶
> 乃是全體之轉捩點，表現出來就成為神祇戰爭，成為宙
> 斯一族推翻泰坦一族【Titans】，當中代表了從「東方精
> 神」到「西方精神」之過渡，因為泰坦們是自然的存在，
> 領導權也由此而被奪去，雖然祂們仍受人們崇拜，卻不
> 再當時得令，因為祂們已被流放到世界的邊緣。(S240-
> 241, *W299*)

傳說中，希臘第一個神祇叫 Chaos，顧名思義，祂是混沌之神，經過漫長歲月，祂在洪荒世界裡自行孕育出大地女神蓋亞 (Gaea) 以及幾名女神，蓋亞 (Gaea) 後來生下天神 Uranus，並隨之結為夫婦，再生下十二名子女，當中有些也相互交配而生下自己的子女，由天神及地母所建立的這個神祇家族就是泰坦一族，泰坦者，巨人也，祂們擁有雄渾的自然力量，但個人性格卻不大鮮明。Chaos 可能來自東方，但希臘人逐步把這些遠古神祇改造，為祂們藝術加工，並為此而構思出一場神祇革命。

泰坦們是自然力量：【諸如】Uranus，Gaea，Oceanus，Selene，Helios 等等，Chronos 是抽象時間的支配者，祂【不斷】吞噬自己的子女，【最終】吞噬子女的荒謬行為被制止了，而宙斯就一躍成為新神一族之領袖。此舉有著精神的意義，而這個過程本身便是精神。【*】不可能有比這個過渡說得更明確以及更樸素，那個新的神祇王國公然喊出精神性的風格就是他們獨特的本性。**(S245.1, _W299-300_)**

Oceanus 是海神（十二泰坦主神之一），Selene 是月神，Helios 是太陽神，祂們二人是其中一對夫婦之子女，Chronos 是十二主神之領袖，預言說祂會被自己的子女所推翻，於是祂把每名剛生下來的子女一口吞到肚裡去，（意圖令時間停止下來，好讓預言沒有機會成真），祂先後吞下五名子女，第六名要出生的就是宙斯，由於母親 Rhea 不忍，乃用計騙過丈夫，這才令到宙斯得以順利成長，後來還救出他的五名兄姊，轉而一起建立祂們的奧林匹斯王國。

---

* 德文全集的編者在此加上註腳，指出相關的說法可見諸於全集第十七冊的 102 頁，那是黑格爾的宗教哲學演講錄第二卷，當中討論到希臘優美宗教裡的神祇型態，小標題列明為「精神跟自然之鬥爭」——希臘人把自然意味極重的泰坦神祇改造成為活潑自由的奧林匹斯神祇，這是過渡也是鬥爭，因為「改造」不是自然的變化，「過渡」(Übergang) 在黑格爾來說更是質變的提昇，那要逼令前者違反其原先的本性才可令精神呈現，就如雕塑家要逼令石頭違反其自然的本性才可讓藝術家的理念呈現出來。說這是鬥爭也並不為過，革命就是要鬥爭。

就以海神為例，泰坦神祇是 Oceanus，祂只生下三千個小海神和小河神，性格並不鮮明，只是河水和海水力量的總匯集，自然色彩濃厚到不得了；在奧林匹斯神祇裡，海神的角色乃由宙斯的兄長 Poseidon 來擔當，祂有著極強的個人意志，不斷興風作浪以顯示自己的存在和意志，是個很活躍的奧林匹斯主神。

> 正如剛才提出過，第二點【特色】就是這些新神在自己內裡保留著自然階段，並因此而跟自然力量保持特定的關係：宙斯有著祂的放電施雲能力，Hera 則是自然事物之創造女神、是蠢動生命力之生育女神，但宙斯同時也是政治神祇，是倫理和厚道之守護者；Oceanus 原來不過是自然力量，Poseidon 雖然身上仍有著野性的元素，但祂同時也是一個倫理人物：【據說】祂懂得建築城牆和培育馬匹；Helios 作為自然元素而言是太陽，在「精神」之類比下，這些光明乃被轉化成為「自我意識」，而 Apollo 也就由 Helios 那裡轉出來。(S245.2, W300)

在泰坦系統裡，海神是 Oceanus，太陽神是 Helios，在奧林匹斯系統裡，海神是 Poseidon，太陽神是 Apollo，由 Helios 過渡至 Apollo，當中顯出的「精神」元素乃最鮮明而有力。

Λυκειος 的名號已說明它跟「光」之聯繫，Apollo 曾經為 Admetus 做過牧牛人，但 Helios 卻視那些自由牛群為神聖的，【Apollo】運用祂的光束當利箭射殺了怪物 Python；人們不可以從【Apollo】這個神祇身上抽走那蘊藏在自然力量基礎裡的「光」底理念 (the Idea of Light)，尤有甚者，人們不可以隨意把其他的屬性輕率地結合到這個神祇身上，而 Müller 及其他人否定那個【自然力量】基礎卻是相當隨意而又遠離事實的。(S245.3, W300)

「光」是最具精神色彩的自然力量，黑格爾甚至把波斯的拜火教列為東方宗教到西方宗教之過渡。Apollo 作為新一代的太陽神，祂不像 Helios 那樣任由牛群在陽光下自由牧養，而是為牛群唱歌及彈奏豎琴，把 Admetus 的地上王國變成人間天堂，祂又運用光明之力量為民除害，射殺了怪物 Python。總之，祂就是奧林匹斯諸神中最具精神理性的一位。

> 因為 **Apollo** 是預言之神和洞悉之神，祂讓光明照亮萬物；再者，祂是治療之神和康復之神，正如祂同時也是毀滅之神，（因為祂也會殺人）；祂是克制之神和淨化之神，例如，祂跟那執法嚴苛的古代地下神祇 **Eumenides** 相反；祂本身是純粹的，祂沒有任何妻室，只有一個妹妹，而且沒有像宙斯那樣捲入大量失態的風流艷事；再者，祂是學問家及開示者，祂是歌手及繆斯女神之領導者，就像太陽引領眾星和諧地轉動一樣。**(S245-246, W300-301)**

新一代的太陽神 Apollo 跟上一代的太陽神 Helios 簡直有天淵之別，希臘精神之重要元素差不多全部展現在 Apollo 的身上；同樣的情況出現在祂妹妹 Artemis 這位新一代的月亮女神身上，不過沒有 Apollo 那末誇張。

> 同樣地，水仙子變成了繆斯女神。在 **Ephesus**，那眾神之母 **Cybele** 仍被當作 **Artemis** 來崇拜，【但當地】幾乎講不出 **Artemis** 在希臘是作為女獵人和女獵者而出現的。**(S246, W301)**

在第一篇已提過 (S234.1, W288)，Cybele 是敘利亞的生育女神，身材極之豐滿，傳到了希臘人當中便成為了 Artemis，她是月亮女神、狩獵之神、分娩女神，個性極強，

喜歡獵人裝束的打扮，身披獸皮，手挽銀弓，背負箭袋，英姿颯颯。可能因為 Ephesus 位於小亞細亞的西岸，地處兩種文化之交匯點，當地人受希臘文化影響要崇拜那大名鼎鼎的 Artemis，但觀念上仍受東方文化的影響而採納了 Cybele 之豐滿形像，結果同一個 Artemis 在兩地的形像便大相逕庭。

現在有人會說：這種從「自然」到「精神」之轉化乃屬於我們的比附或者屬於後期希臘人的比附；針對這說法我們會如此回應：這些從「自然」到「精神」之提升恰好就是「希臘精神」，希臘人的詩篇短句就蘊藏著這種從「自然」到「精神」之進步，只不過抽象的「知性」【*abstrakte Verstand*】無從掌握這種「自然」跟「精神」之統一而已。(S246.2, *W301*)

知性 (Understanding) 之所以是抽象，乃因這種思維方式只能夠憑著外來的概念而認識到對象的某些屬性 (predicate)，例如肯定「人」會死，也就認識到「死亡」是人類的一個屬性，若轉到「存在」的角度來看，人類就成為了附麗在「死亡」這個抽象屬性之存在。這種認識當然並非不對，但卻流於片面 (one-sided)，因為不能認識人類的精神活動，「精神」並非人類之屬性，而是其本質、本體、本源，

它會以各種方式來展示自己，而不能用外在的屬性方式去概括它。這必須換上思辨的思維方式才成，那就是預先去闡明「精神」如何以辯證的方式發展自己，然後再按此理解來檢視具體文化之發展過程。

黑格爾即以這種方式來考察世界歷史之進程，以至於人類的宗教、政治、藝術、哲學發展歷程，其中結論可以修正、重估，但不能以「知性」這種思維方式來考察人類文化進程乃是肯定的。

更進一步，【希臘】神祇要被視作「個體性」而非「抽象性」，好比對「一」、「時間」、「天」、「必然性」等等之認識，此等「抽象性」並非這些神祇之內容，後者不是任何的比附，不是任何抽象的、附麗於許多屬性的存在，正如 Horatia 所說的 necessitas clavis trabalius。【希臘】神祇壓根兒不是象徵，因為象徵不過是一個符號，一個別有所屬的意義。希臘神祇會在自己的身上表達出祂們的本來面目。(S246.3, W301)

　　用上「知性」這種抽象的思維方式，希臘神祇變成了某些意義的象徵，成為了附麗於別的屬性之存在，例如說阿波羅象徵光明，有獨立意義的是「光明」這項屬性，而並非阿波羅本人；用上思辨的「理性」這種思維方式，就會看到「精神」在希臘階段表現自己為神祇，神祇就是希臘精神之表現，阿波羅本身就是光明，不是光明之象徵，祂是「精神」在當下之表現，是「精神」在希臘階段之具體存在。

　　在阿波羅頭像裡的永恒安寧和思沉朗清並不是一個象徵，而是「精神」要在此亮相和當下展示面貌，神祇們是「主體」、具體的「個體性」；【至於】一個比附的存在則沒有任何特性，它本身不過是一個特性而已。再者，神祇們是特殊的性格，在祂們當中的每一位俱有著一種特徵作為顯著的性格，但意圖把圈子裡的性格編成一個系統，那將會徒勞無功。

　　宙斯把其他神祇管治得很好，卻沒有用上真正的權力，於是祂們得以自由自在地徜徉於自己的「個殊性」裡。
(S246.4, *W301*)

希臘神祇各有性格和強烈的個人意志，以至有時候顯得胡鬧，比不上日後崛起的基督教，但這種胡鬧乃是「精神」發展自己的過程限制，「精神」不可能一下子便去到最圓熟的地步。

【在希臘世界裡】，由於所有精神的和倫理的內容都歸屬於神祇，於是那高於祂們的「統一性」就一定需要停留在抽象的【處境】，為此之故，它就是沒有形態以至沒有內容的「命運」、「必然性」，在它內裡深處涵聚著哀傷——它是沒有精神的。

與此同時，眾神跟人類建立起友善的關係，因為祂們是精神性的「自然」，希臘人仍未知悉那更高的想法——那個作為「上帝」之統一性，那個單一的「精神」。
(S246.5, W301-302)

希臘人隱約知道「命運」就是比諸神更高的「統一性」，（亦即更高的存在、力量和意志），因為連宙斯也不敢干預命運的去向，以至那位自然哲學家 Parmenides 在論證完「存在」是一整體之後，他也沒有忘記挪出三個女神作最後根據：正義女神 (Justice)、必然女神 (Necessity)、命運女神 (Fate)；Parmenides 的用法已具哲學意味，但在神話系統裡，「命運

女神」是 Moira，祂是三位老太婆的合稱：一個負責編織命運之線，一個負責分配命運之線，一個負責確保命運會被貫徹執行；看來 Moira 並非沒有形態，也不致於沒有內容，只不過希臘人把這觀念轉向哲學那方面來發展，而沒有留在宗教領域去形成一神教。至於悲劇作家們大力渲染命運之必然性，最後這個觀念由人生領域轉到哲學領域來探討，看來也是順理成章的。

提到依附在希臘神祇身上的「偶然性」和「個殊性」時，問題便來了：到底要往何處去尋找這些「偶然性」的外在源頭。【答案是】，一方面它們乃經由本土【因素】所致：希臘生命在開始時是分散的，他們各有據點，並因此而引入了本土觀念，本土神祇原初獨當一面，比起後來有著一個相當廣闊的【影響】範圍，及至加入眾神的圈子後，祂們就被降到一個備受限制的位置，【因為】祂們被規定於當初出現的地方上個殊意識以及特殊事故裡。

那裡有著一大批各有本土歷史的海克力斯 (Herculeses) 和宙斯 (Zeuses)，情況跟印度諸神相類，祂們在各地皆坐擁神殿，並且各有一段與眾不同的歷史；這情況正好又出現在天主教的聖者及其傳說身上，但情況並非出於本土性【的眾多起源】，而是出現在同一個聖母而日後發展成為五花八門的本土性【傳說】。

希臘人敘述他們諸神那最為生動又最為動人的故事，他們把故事說得無邊無際，在希臘人生動而活潑的精神裡，新的靈感永遠不斷如泉湧出。(S247.1, W302)

希臘神祇之「偶然性」有兩個來源：

(1) 來自地理歷史的因素——當初各氏族由北方遷入希臘境內時，彼此的落腳點相當分散，受到當地本土神祇的影響也就五花八門，令希臘諸神顯得既個別而又特殊，（此即「個殊性」之謂也）。

(2) 來自宗教形態之因素——希臘諸神雖然生動活潑，精神色彩濃烈，但始終跳不出自然之限制而為「自然事物」，這跟基督教之「天啟宗教」形態相距離甚遠。此中涉及宗教哲學之判教問題。

「個殊性」源頭的第二個出處是「自然宗教」。有關的表達正好保存在希臘神譜當中，並且同樣被改動以致於被顛倒。對原始神話的保存帶出了那知名的《神秘信息》篇章，（我們早在前面提過）；希臘人這些神秘信息【其實】是某些不可知的事物，連帶著【以為當中具有】深刻智慧之偏見，引發出所有時代之好奇。

最先要指出者，這些古老而原始的【神秘信息】正好因為它的原始特性所致，它們並非甚麼卓見，而是次一個等級的，在這些神秘物事裡並無提及純粹的真理，而且也不是如許多人所說的：它們要宣揚神祇「統一性」對抗神祇「多元性」的信息。(S247.2, W302-303)

黑格爾雖然欣賞希臘宗教的優美「個殊性」表現，但他也要立刻指出這些並非純粹的真理，希臘人根本未有「一神教」的想法，一般人把希臘宗教裡的神秘信息過份誇大了。

神秘之處其實在於那古老的宗教儀式。以為可以從中發現深奧的哲學意義正好是同樣非歷史的而又愚蠢的；恰恰相反，內裡不過是「自然意念」，那是關乎「自然」一般變化以及關乎一般「生命力」內容之粗糙想法而已。

若果人們整理出落在這裡所有的歷史資料，那麼得出的結果必然是這些神秘物事並不構成一個學說系統，而是感性的使用和表達，那不過充斥著一般「自然」運作之象徵，例如，大地跟天體現象之關係。(S247-248, W303)

黑格爾用「非歷史的」(unhistorical) 這個形容詞似乎有兩個意思：

(1) 東方世界的歷史是非歷史的——東方世界的歷史沒有進步意義，只是原地踏步，不能引發質變；

(2) 以為可在希臘神話找到深奧的哲學意義——這並不合乎歷史進程，徒勞無功。

關於 Ceres 及 Proserpine、Bacchus 及其酒徒的觀念，它們根本是建基於「自然」之一般性事物，而進一步的細節俱為隱晦的故事和描述，箇中的主要趣味是【希臘人們】生命力及其變化。**(S248.1, *W303*)**

Ceres 及 Proserpine 是兩位希臘女神的拉丁文叫法，她們的希臘名字分別是 Demeter 及 Persephone，前者是大地女神，跟宙斯生下女兒 Persephone，後者嫁予冥王 Hades 而成為冥后。至於 Bacchus 即是酒神 Dionysus 的另一個希臘叫法，他掌握到釀酒技術，帶著他的一群酒徒四處流浪，大事宣揚飲酒文化，親身展示生命力的醉狂。

「精神」跟「自然」同樣要經歷一個相類的過程，因為它一定要二次出生，那就是說，它需在自己本身那處否定自己，以致在神秘物事的描繪中喚起了「精神」之本性，（縱然那同時不過是微弱的）。

對希臘人來說，這過程有著某種令人心悸的覺醒，因為人們有著一種與生俱來的畏縮：他在一個形式之下看到一個意義，這個意義【竟然】沒有被表達為感性的，令到他既排斥又被吸引，他藉著對通盤意義的臆測而覺醒了，但經由這駭人的形式也帶來了心悸。(S248.2, W303)

希臘神話第一次出生在亞洲最早的發源地，例如埃及，那些神話純粹是自然的；第二次出生在希臘，人們把那些原始神話改頭換面，注入對「自由」嚮往的意識。但希臘人並非勇往直前，在改造過程當中，他們也是戰戰競競的，因為他們隱約知道自己所注入的意義是「自然」以外的另一種形式；縱然隱約而且微弱，希臘人對「精神」確實有所醒覺。

> Aeschylus 曾被指責在他的悲劇裡褻瀆了神秘物事，【實情是】，神秘物事之豐富涵義只是出於猜想，【當中】不明確的觀念和象徵跟那清晰的、純粹的形態格格不入，【前者】受到威脅而趨於沒落；為此之故，藝術的神祇一定要跟神秘的神祇有所分離，而雙方的領域也一定要嚴分彼此。(S284.4, W303-304)

在希臘，神祇作為宗教的對象逐漸被哲學所取代而不再成為人們信仰的對象，人們喜歡獨立思考多於繼續相信神話裡的故事；至於神祇作為藝術的對象，其魅力則永存於世。

> 希臘人所擁有的大多數神祇乃得自異域，（正如 Herodotus 所明確表示，那是來自埃及的），但這些異域神話已被希臘人所改造而予以精神化 (vergeistigt)，隨之而來的外地神譜在古希臘口中編出了【另外】一套故事，（往往是一套不利於【異域】神祇的壞話），於是在埃及仍被視為神祇的動物乃被希臘人降為附屬於精神神祇邊旁的外在標誌。(S248.4, W304)

既然已把異域神祇精神化，把動物的地位降格也是無可厚非。

希臘神祇連帶著祂們品格上的「個殊性」同時也作為「人類」而被表象出來，而這種「擬人法」乃被指責為它的缺點，面對這個指責現在就要立刻反駁：「人類」作為精神性的【象表】乃構成希臘神祇之真理，祂們藉此而凌駕於所有關乎單一的、最高的「存在」之抽象說法。

另一方面，希臘神祇被表象成為「人類」又被視為一項優點，然而基督教的神祇卻缺乏此項優點。(S248-249, W304)

黑格爾當然同意希臘神祇有著「擬人法」的優點，但他極之反對基督教沒有這項優點的說法，因為耶穌基督徹頭徹尾是個真實的人；所以他先徵引詩人席勒 (Schiller) 在《希臘神祇》詩篇裡兩句雋永的說話，然後再大加議論「基督」的神祇特性如何高於希臘的神祇特性。

席勒說道：

當上帝越是近似人類時，
人類也就日加近似上帝。

但不要把希臘神祇看得比基督教神祇更為近似人類。基督活活脫脫是「人」：他降生、逝去、死在十字架上；比起希臘的優美世界來說，他是更加無限地為「人」。
(S249.1, W304)

希臘宗教用上「擬人法」而產生活潑潑的諸神，基督教則用上「三位一體」之哲學性說法去拉近「人」「神」之關係。二者之高低立判。

但現在所涉及的問題乃共通於希臘和基督的宗教，於是雙方面也要如是說：如果神祇將要現身的話【*erscheinen*】，祂的「自然性質」【*Naturlichkeit*】一定是精神的事物，為著感性象表【的要求】，祂【的現身】基本上就要是人類，因為【除了人類之外】，畢竟沒有任何別的形態可以作為精神的事物而亮相。(S249.3, W304-305)

甚少人會想到神靈若要現身的話，祂必定要以人類的形態來現身，原因在於神靈是個「精神體」，而人類是唯一具有高度精神意識的「生命體」；說得直接些，只有「人性」才能領略「神性」，親近「神性」，分享「神性」以至於把自己轉化為「神性」，至於其他事物則無此可能性。

上帝誠然會現身於太陽裡、山嶺間、林木內、所有的生命體裡，但這種自然的現身並非精神之形態，反而令到上帝要在「主體」之內心世界才可被察識；若然上帝要以一個跟祂本身相應的姿態露臉，這只可以是人類的形態，因為精神的事物乃由此而綻放光芒。但若果有人問：上帝必須現身嗎？那末，這問題【的答案】一定是必然地肯定的，因為沒有那種本質性的事物是不會現身的。**(S209.3, *W305*)**

黑格爾在這裡問了兩個非常重要的問題：

(1) 上帝或神祇若要現身的話，為什麼祂一定要以人類的形態來出現？答案如前所述，因為人類跟神祇一樣具有精神意識，故此只有人類才可表現出神祇之本質特性。

(2) 上帝或神祇為什麼必須現身？這問題較難回答，勉強說，因為祂們是純粹的「精神體」，祂們的本質就是要在現實世界去展示自己、實化自己。至於「精神體」為什麼有此本質特性，那就是「精神哲學」的主要課題了。

拿來跟基督的宗教對比，現在希臘宗教的真正缺失乃在於它把「現身」當作最高的方式，尤其是把「現身」當作神性事物之全部；然而，在基督的宗教裡，「現身」不過是作為神性事物的一個位相 (Moment) 而已，這裡現身的神祇要死亡，由此而自我提昇：基督先要死亡，然後才被描述為坐在上帝的右邊。**(S249.4, W305)**

「三位一體」區分出同一個上帝之三個不同位相：聖父、聖子、聖靈。這是個相當大膽而深奧的見解，大膽之處在於沒有把上帝視為單純的崇拜對象，深奧之處在於這是最具辯證意味的三分說法，而且牽涉到人類「絕對自由」之去向；古希臘人的宗教意識遠遠未達這個水平。

相反而然，希臘神祇是為了古希臘人而要永遠現身，不過只是現身於大理石、金屬或者木頭，或者在作為想像力之造像的觀念裡，但為什麼【希臘】神祇不會現身於「肉體」呢？因為人們只是滿足於榮譽和尊嚴，（作為塑造及創造優美「現身」之自由），識是之故，神祇世界之形式及形態乃停留在一種由個殊「主體」產生的【水平】。**(S249.5, W305)**

所謂個別而特殊的主體，乃指那些希臘神話的修繕者及
編纂者，如荷馬、Hesiod 以及眾多無名之執筆者，希臘神話
沒有標準的版本，希臘人也沒有要求統一神祇世界，他們沒
有想過要把宗教提昇至哲學的層次。

在「精神」裡面有一個【這樣的】元素，那就是它會創
造自己，它會自行成就出它本來的面貌【was er ist】；
但它的另外一個元素就是它原本乃自由的，「自由」乃
其本性以及它的概念【Begriff】。

但由於希臘人仍未在思想上理解自己，他們也就未能夠
在其「普遍性」中去掌握「精神」，他們仍未能夠按照
基督教理念去掌握「人類」之概念，以至「神性」和「人
性」那在其自己之統一。(S249-250, W305)

在黑格爾的術語中，「概念」(Begriff)，乃專用於那些
能夠把自己普遍的內涵、本質實現出來的生命體，最易理解
的是「種子」之概念：每一粒種子如果能夠順利成長的話，
它會按其內在程序而開展其生命歷程，只是一般種子沒有引
發出質變之提昇；「精神」之概念就會引發出質變，這個概
念之內涵，本質就是去實現自由，人類每一項文化成就都是
自由的表現，人類藉此而擺脫某種的束縛，當中涉及異化、

倒退、質變、提昇，「精神生命」的發展過程和特性遠較「自然生命」為複雜；至於「人類」之概念，如果按照基督教「三位一體」的見解，人類文化活動之最後目的就是去實現「人性」跟「神性」之統一，二者經過正、反、合之辯證歷程而最後取得和解。

能夠把「概念」之內涵實現出來，黑格爾稱此項文化成就為「理念」(Idea)，故此從文化實踐或實現的角度來看，他要說基督教之「理念」，若從宗教哲學的認知角度而言，他就要說人類之「概念」。

【人們】首先要在自己內裡作出肯定，那內在的精神才能夠忍受擺脫「現身」那方面【的問題】，而懷著這份自信，一個這樣的【任務】乃可託付予「神性」來解決：它不用再把自然世界編織到精神的事物裡去，它不用再為了抓緊神性的事物而去把那統一性弄成從外可見的樣子，而是在那自由的「思想」裡去思考那些外在事物，它就能夠說出【那些外在事物的】來龍去脈【*wie es ist*】，因為它會思考「有限事物」跟「無限事物」之統一體，而且不是作為偶然的統一體來認識，而是作為絕對事物、永恒的理念本身來認識。(S250.1, *W305-306*)

一段很深奧的而濃縮的說話，這是黑格爾哲學及其宗教哲學的精華所在。「理念」就是「有限事物」跟「無限事物」的統一體，它既具有「無限事物」之普遍性，同時又具有「有限事物」之具體性，因為「理念」就是人類實現文化理想之具體歷史進程，那是具體而普遍的：具體，因為那是實實在在發生於人類文化的每個環節；普遍，因為人類的每個文化環節都有理想性、光明性、進步性。

> 由於希臘精神之「主體性」仍未在深邃處運思，於是真正的和解仍未在他們身上出現，而人類的精神【在此】仍未絕對地取得理據，這樣的缺失早已自行暴露出來了：「命運」竟然會高出於那些作為純粹主體性之一眾神祇；它同時又自行暴露出【另外一個】缺失：人們之決定並非出於自己本身，而是出於他們所求得的「神諭」。
>
> 【在希臘】，人類的主體性跟神祇的主體性一樣，二者作為無限的【主體】而仍未由自己本身那處作出絕對的決定。(S250.2, W306)

希臘神祇縱然優美，但不能突破「命運」的限制；希臘文化縱然充滿活力，但不能相信「神諭」以外的其他指示。二者確是希臘人之死穴，令他們不能長期扮演世界歷史舞台

主角的腳色，兩次擊退波斯大軍之來犯是他們的最鼎盛表現，但深信「神諭」的文化心態不能支撐他們去適應新的政治、文化形勢：雅典及斯巴達兩強國不能理性地建立「希臘聯盟」是其一，希臘人之「重智精神」已日漸抬頭是其二，馬其頓之崛起是其三。這三者俱不利城邦文化之延續。

第三章：政治性的藝術作品

「國家」統一了剛才考察過的主觀性藝術作品和客觀性
藝術作品雙方。在國家裡，「精神」不單止是神性事物
之【客觀】對象，不單止是主觀地去鍛鍊優美的體魄，
而是活生生的普遍精神，同時也是個別的個體們之自覺
精神。(S250.3, W306)

　　這裡的「國家」乃指希臘城邦。在文化層面而言，它統
一了希臘的藝術和宗教；在政治層面而言，它又統一了代表
國家的集體意志和公民的個人意志，「普遍精神」即是國家
意志，城邦體制很容易達成一致的集體決定，然後迅速投入
行動，但這卻沒有犧牲公民的個體意志作為代價，而公民則
有「自覺精神」去支持國家意志，換言之，集體和個體同時
得到自由。東方人不太著意爭取個人的自由，因此也就不太
明白國家要爭取自由的意義。

　　只有民主的憲法才適合這種精神和這種國家。我們在東
方看到專制政體已發展至高峯，那是跟日出之地相匹配
的形態；在希臘境內的民主形式也不遑多讓，那是合乎
世界歷史之規定 (Bestimmung)，那就是說，在希臘境內，

個體的自由已告出現，但仍未去到【全面】抽象化的地步，（主體徹底依賴實體——國家之如其所如），而是個體意志要在其全體的生活裡【才顯出】自由，而且其個殊性乃要按照實體之制約來行事。(S250-251, *W306-307*)

希臘城邦雖能統一個體意志與集體意志，但那是原始而直接的統一，希臘公民認同國家，那是出於對風俗習慣之服從多於對法律憲法之意識，後者是抽象的思維、間接的認識，羅馬人即大量立法，並按法律條文來治理國家，雖然他們的法律又未免過份嚴苛。希臘的法律仍未去到那個地步，不過他們的直接統一是合符世界歷史青年期之規定：個體與集體乃處於直接的和諧當中，優美而不能持續。

在羅馬則相反，我們看到粗暴的政權凌駕於個體們之上；情況就如在日耳曼帝國之君主政體一樣。個體不單止臣屬於君主並要為他效勞，而且也臣屬於整個君主的組織並要為它效勞。(S251.1, *W307*)

當時的日耳曼帝國應該是神聖羅馬帝國，當中約有三百多個各自獨立的諸侯國，君主治下的臣民全部都從屬於他，

那是歐洲最封建的地區，還幸當時君主的整個組織並不嚴苛，也不十分有效率，只要沒有公然違背君主的意旨，個體尚有些自由活動的空間，但要無條件地為君主效勞是免不了的。

民主國家並非家長制的，它不會滿足於那種仍未開發的信賴，而是要訴諸法律，為此而要具備法律的及倫理的基礎之意識，為此而要意識到這些法律是客觀的。

在古希臘王室的時期仍未有任何的政治生活可言，亦因此只留下些微的立法痕跡，但由特洛伊戰爭到【波斯】居魯士【Cyrus】的期間，對立法的需要便湧現出來了。

早期的立法者就是號稱「七智」的那一批人，這名堂仍未表示他們是辯士及智慧老師，（在講解時要具備對「正確」及「真理」之意識），他們不過是會思考的人而已，但思想仍未進步到真正科學的地步。

他們是實際的政治人物，也是很好的顧問，當中兩位已提過：來自 Miletus 的 Thales 以及來自 Priene 的 Bias，他們為愛奧尼亞的城市提供了良好的忠告；當雅典人發覺現存的【制度】不足以應付局面，他們就委託梭倫【Solon】給他們立法，梭倫給了雅典人一部所有人都享有平等權利的憲法，但又不致於令民主政體成為一個非常抽象的制度。(S251.2, W307)

「希臘七智」或「希臘七賢」的名單有多個版本，黑格爾這裡已表明是指實際的政治人物——他們並非按照抽象的政治理念去立法，而是按照實際的政治情況而提供意見，譬如以梭倫的立法為例，那並不算得上理想，但已是當時雅典具體情況許可下之最佳選擇；屈從現實乃是無可避免，此乃政治智慧之所在。

民主政治的主要環節是倫理的意決。孟德斯鳩【Montesquieu】說：『德行是民主政治之基礎。』人們【如果】平凡地去掌握「民主政治」的觀念，【那麼】，這句名言既為重要就如同其既為正確一樣。

【然而】，這個「個體」乃為法權之實體，乃為國家事務、公眾利益之本質性【關鍵】，但【在希臘】，這種情況乃作為倫理的事物【Sitte】、在客觀意志的方式之下才會如此，於是乎，真正意義下的道德【Moralität】、【主觀的】決定和意向之內心世界仍未出現。(S251.3, W307-308)

一般人只會籠統地把民主政治跟倫理道德拉上關係，但黑格爾卻嚴格區分道德 (morality) 和倫理生活 (ethical life)。前者涉及「個體」之內心世界，他們會主觀地自覺反省，明

白到服從法律的意義和代價，當中有著強烈的個人決定和意向；後者卻是客觀的集體生活，當中可以有個人醒覺，也可以沒有，希臘的民主政治就缺乏了主觀的個人醒覺。

【梭倫的】法律就在那兒：其內容乃根據作為「自由」之法律【而制定】，而且是理性的；它行之有效，因為它是根據其「直接性」而為法律的。情況好比在「優美世界」裡仍存在著「自然成素」一樣，（落在感性事物裡），於是乎，在這些倫理生活當中，法律同樣落在「自然必然性」之方式裡，希臘人停留在「優美世界」之中心點而仍未曾攀上「真理世界」之更高據點。**(S251-252, W308)**

城邦法律並非希臘人自覺反省出來的思想產物，因此未臻「真理世界」，相反而然，當中充滿濃厚的「直接性」(immediacy)，所有的法律都是直接回應政治、社會的需要，因此都是行之有效，甚至乎嫵美可愛，成為「優美世界」之政治性作品，充滿著自然的色彩，也因此會消逝於自然的「必然性」當中，而不能永恒地發出「理性」之光輝。

> 在【希臘人的】風俗和習慣裡，當中的形式就是要讓「公義」在此被希冀以及被執行，於是它們乃為堡壘，而且內裡仍未出現「直接性」之敵人——「反省」和「意志之主體性」；打從那兒起，集體之利益乃可託付於市民之意志和決定，而這一定是希臘憲法之基礎，因為那裡不存在任何法則足以動搖那具有意志的「倫理生活」以至於能夠妨礙它在本身內裡的「實現過程」【*Verwirklichung*】。(S252.2, W308)

「直接性」的敵人就是個人的反省和個人的主觀意志，心靈一經進入醒覺的狀態，市民就會質疑風俗習慣之合理性，但在此之前，希臘城邦的法律跟風俗習慣一樣是不會受到質疑的，讓國家實體可以輕易地形成「集體意志」去應付各式各樣的歷史挑戰，去實現其獨有的歷史行程。

> 這裡民主憲法是唯一可能的：市民仍未意識到自己是特殊的【個體】，（這意識等同罪過），【國家的】客觀意志在此未受動搖，雅典娜女神就是雅典本身，這就是市民心中現實的而又具體的「精神」；只有當意志退歸於己，退歸於其「認知」及「良知」之密室裡的時候，進而令到「主觀意志」跟「客觀意志」處於無限的分離，神祇才會不復存在於他們市民的心中。(S252.2, W308)

若要訴諸「認知」及「良知」，個體跟群體的關係就不再是直接的 (immediate)，因為當中有所加插 (mediated)，主觀意志跟客觀意志就分離了；世界歷史之進程就是要令二者重新統一，不過這需要人類發展出更高級的政治意識才成，那就是黑格爾在《法權哲學》裡所講的「客觀精神」。

這便是【雅典】民主憲法之真正狀況：它的理據及絕對必然性乃取決於這個仍為內置的【immanent】客觀倫理生活。在現代的想法裡，「民主政治」並不倚賴於【下列】這些理據：要由人民來討論和議決的公眾利益、國家事務，個別人仕要參予商量、發表意見、投下他的一票，之所以要如此，皆因國家利益及公共事務乃是他自己的事情。**(S252.3, *W308-309*)**

黑格爾開始比較雅典民主政治跟現代民主政治之差別：前者之倫理生活是內置的 (Immanent)，意思是說那些法律政治跟風俗習慣一樣，它們都是由一開始便形成的，近乎與生俱來，故此是自然的、直接的；後者則要經由個別的市民之反省、認識以及一番「內心世界」活動才形成的政治意識。

所有這些【關於雅典民主的】說法俱十分正確，但重要的狀況和區分乃藏於這問題裡面：【到底】誰是這些個別人仕。他們只在這種情況下才有絕對的理據：他們的意志仍然是「客觀意志」，（沒有想要這或者想要那），也不僅僅是「善的意志」，因為「善的意志」是某些特殊事物，那要倚賴個體們之道德、倚賴他們【主觀】的信念和內心世界。(S252.4, *W309*)

雅典民主跟現代民主之關鍵性差別乃是個別公民之意識水平：前者只有客觀的國家意志，個體主觀意志乃被傳統力量涵攝在內，沒有機會伸張，後者之絕對理據乃是客觀意志跟主觀意志之統一，個體意志既考慮私人的利益，也用良知去衡量公眾利益，會在思想概念上加以認識，形成高水平的公民自覺。

在我們的【現代】世界裡，「主觀自由」正好是「自由」之法則和「自由」之獨特形態，那是我們的國家以及我們的宗教生活之絕對基礎；但【若果】踏足希臘境內卻可成為致命傷，那躺伏在希臘精神裡的「內心世界」已靠近了，它一定會很快到臨，但它會傾覆自己的世界而致於滅頂，因為【他們的】憲法沒有估計到這方面【的發展】，也不能認識這方面之規定【*Bestimmung*】，因為這些規定還未曾在他們【的思想裡】出現。(S252-253, *W309*)

直接產生的雅典憲法沒有計及「主觀意志」對憲法之破壞性嚴重到足以令國家滅頂，這要在思想裡的「概念」、「規定」才可掌握到政治心靈的辯證發展。

我們可以斷言，在希臘人他們「自由」之早期及真正形態裡，它們並沒有任何良知【之考慮】，他們備受習慣所支配、為祖國而活，沒有更進一步的反思，他們不明白一個國家之抽象特性對我們的「知性」而言就是本質，而是以活生生的祖國為其目的：這個雅典、這個斯巴達、此神殿、此祭壇、這種群體生活之方式、這個市民同胞的圈子、這些風俗和習慣；對希臘人來說，祖國是一個「必要」，沒有了它，他就不可能活下去。(S253.1, *W309*)

　　原來希臘人沒有了「祖國」便活不下去，怪不得他們的公民不多，（雅典及斯巴達只有萬多人，小國只有數千人），但卻發揮出驚人的集體力量，由公民兵組成的步兵方陣簡直似一部戰爭機器，那是為祖國效勞的最崇高表現，故此所向披靡。

　　那是辯士們，智慧老師們首先是帶來了「主觀的反思」以及那種新見解：每個人必須按其獨具的信念來行事。當「反思」一旦登場，那裡每個人都有其獨具的見解，人們就會追問：到底【國家】律法可以不可以變得更好。

　　人們發現，與其要安於現狀，不如訴諸自己的內心想法，由此而開始了一種主觀的「獨立自由」：個體有能力按其「良知」去對抗那既成憲法的所有【規限】。人人皆有其法則 (*Prinzipien*)，而正如他所提出的，（也是他所深信的），那一定是最好的【見解】，而且一定會在現實世界實行得通的。

　　修昔底德早已論及這個沒落【現象】，當他說：凡事皆有我的一份時；如果他不插手其中，事情就會糟透極了。(S253.2, *W309-310*)

　　當個人的信念一經形成，他是很難不插手其中的，因為這是對「自由」之體會和體現。

【假如】每個人都期望自己有一個判斷，這情況就會不利於對偉人之信任。當雅典人較早時委託 Solon 為他們立法、當 Lycurgus 在斯巴達以立法者及執政者身份出現時，那並不意味民眾要去認識最佳的律法；稍後的情況也是一樣，民眾願意信賴有應變能力的偉大人物：Cleisthenes 把【雅典的】憲法修改得更為民主化，在米太戰爭 (the Median wars) 之中，Miltiades、Themistocles、Aristides 以及 Cimon 出頭領導雅典人【作戰】，而 Pericles 更是雅典的偉大亮點。

然而，一旦這些偉人完成了時代所需的任務，妒忌就會油然而叢生，那是「平等」之情緒受到個別有天份的人仕所挑動，而他要麼就是被囚禁，或者被流放在外，到最後，誹謗者從群眾中冒出頭來，大事宣揚「個體性」及【個人】人格之偉大，而又大肆中傷那些位居前線的管理人。(S253-254, *W310*)

民主政治的一個致命傷就是民眾的情緒很容易被挑動，妒忌也就會隨之而來，令原先的領袖被中傷，以至黯然下台。米太戰爭即是波斯戰爭。

但是，在希臘的共和國裡仍有三種情況要特別加以注意的：

（1）正如民主政治只存在於希臘境內一樣，民主政治【在希臘】乃跟神諭綑綁在一起的。說到要由自己本身來作決定，這需要「意志」有一份堅執的「主觀性」去奠下那壓倒性的基礎，但希臘人仍未曾有這份力量和氣魄：這是否一個殖民的機遇，要不要接納異邦神祇，一個將軍應在甚麼時候展開一場決戰，人們仍要問教於神諭。

在 Plataea 決戰的前夕，將軍 Pausanias 吩咐獻祭問卜，卜者 Tisamenus 的答覆令人振奮：若果他們留在 Asopus 這一面，所獻上的祭品就對希臘人有利，若果他們渡河發動戰事，情況就會相反；於是 Pausanias 便按兵不動，等待對方出擊。

在他們的私人事務上，希臘人不僅沒有訴諸自己本身的判斷，而且還要倚賴某些別的事物來作定奪。

隨著民主政治之進展，無疑我們看到希臘人如何在最重要的事情上不再求教於神諭，而是變成要訴諸演說家之個別見解，並以此作出決定；情況就好像這個時代的蘇格拉底要訴諸自己的「神明」一樣，於是群眾領袖和民眾同樣要求由自己來議決，但與此同時，憲法也隨之而陷入敗壞、混亂以至不斷的更動。(S254.1, W310-311)

訴諸神諭可說是希臘人保存傳統風俗習慣之最後一道防線，這道防線一經失守，國家的憲法和法律乃首當其衝，其他文化環節乃隨之而走樣，希臘人已不再散發「優美」之精神，轉而被「私心」及「認識心」所取代，前者削弱民族自身之團結力量，最後招致民族之沒落，後者則導致西方文化走上分解的認知道路。

（2）這裡要指出的另外一種情況就是奴隸制度，這是一個優美民主制度之必要條件——每個市民都有權利和義務去在公眾廣場發表及聆聽有關國家管理之演說，去運動場館自我鍛鍊，在節日裡參加慶祝；支持這些活動之條件就是市民必須免於日常生活之操勞，自由市民所需分擔的日常工作就由奴隸來完成。

「市民平等」給自己帶來了「奴隸不該存在」的難題。【**】(S254-255, *W311*)

如果「意志」是在自己內裡作無限的反思，如果「權利」

** Sibree 的英譯本及所有的中譯本俱漏了上面這句話：「市民平等」給自己帶來了「奴隸不該存在」的難題。為了維持希臘的民主生活，希臘公民從來無人質疑奴隸制度本身正好違反了「平等」之原則，兩種制度並存是相當諷刺的。但因為「市民平等」並非希臘人思想的成果，而是傳統如此，所以希臘人也就從不懷疑奴隸制度之不合理性。羅馬人把這矛盾推到更極端，這就間接助長基督教「博愛」的信念流播於整個羅馬世界。

被設想為跟「自由人」相應的事物,【那時】奴隸制度才會終止;但「自由人」乃指人類按其普遍的本性而被賦予「理性」之謂也,但這裡我們所面對的自然是出於「倫理生活」之觀點,那不過是習慣和風俗,而在「存有」【Dasein】上那仍然是一種特殊性。(S255.1, W311)

如果「人人平等」是思想的產物,那麼「人類」這個主詞就要無限地延伸以貫徹「平等」這個普遍性,以至於要把戰敗的俘虜也包括在內,以至於要否定奴隸的概念和存在。但當時希臘人的思想仍未去到這個水平。

---

(3) 仍須提出第三點,這種民主憲法只適用於小國,(不超出城市範圍太多),雅典人的整個國家乃團結在一個城市之內:相傳那是 Theseus 把四散的小鎮居民結合起來成為一個整體;去到 Pericles 的時代,在伯羅奔民撒戰爭開始之際,面對斯巴達人大舉進攻,雅典境內全體居民乃躲進城裡避難。

只有在這樣的城市才可全體利益一致,對比之下,在龐大的帝國裡總會發現不同的利益在相互對抗。人們要共同生活在一個城市裡,天天相見,要在這種情況之下才足以讓一個共同文化以及一種活潑的民主政治成為可能。在民主政治裡,主要的事情就是要把市民的品性塑

造成為【沒有裂痕的】一整塊：他必須出席當天的重大場合，他必須參予這類【重大】案件之判決，並非僅僅投下個別的一票，而是要追求激動以致變得激動，要投入整個人的激情和關注，同時令到整個決定過程當下就熱情滿滿。

要讓【全國】所有人的見解自行轉向，這必須通過演說之個人熱忱才成，【若果】經由書面這種抽象、了無生氣的方式，個體們便點燃不起對公共事務之熱忱，而人群越大，個別人士之力量比重就越輕；人們盡可在一個大國裡四下調查，要求在所有社區收集選票，並且點算結果，就像法蘭西國民議會所出現的情況一樣——但那是一具行屍走肉，而世界早已在一個紙上世界被弄得分崩離析而又孤立乖離，因此在法國大革命裡，共和國的憲法從來沒有抵達一個民主政治的境況，而是讓暴政、專制在自由和平等之面具下高唱入雲。(S255-256, W312)

由於民主政治要對所有的國家成員開放管治權，故此政府可以被騎劫、被推翻，民主政治並非一勞永逸地解決所有的政治矛盾，只不過把政治糾紛限制在一個相對地理性的平台來解決，例如禁止兵變，阻止內戰，故此國民質素極其重要。

我們現在來到希臘歷史的第二個時期。第一個時期，它聽任「希臘精神」發展其藝術以趨於成熟，好讓它成就出其本來面貌；第二個時期包括了它如何表現自己，它如何在其【世界歷史】行程上亮相——它自行為世界創造了一件【優美的政治】作品，並且在鬥爭中確證了它的法則【Prinzip】，以致於在抵禦攻擊之中勝利地保存了它的法則。(S256.1, W312-313)

「希臘精神」之法則就是渴望和追求「自由」，雖然沒有經歷辯證的發展而顯得不夠成熟，但勝在朝氣勃勃，勇於嚐試新事物。希臘人非常幸運，第一個時期乃在沒有危機之下安然成長，在政治上，每個希臘人都熱愛自己的祖國、認同希臘這民族和文化，樂意為大我而犧牲小我，而正當他們羽翼日漸長成之際，躍躍欲試，在這時期才遇上東方大帝國的挑戰，他們欣然接受世界歷史大舞台之考驗；勝利雖然來得有些僥倖，但勝利確保了他們的文化可免受東方法則的吞噬，也確證了西方法則在世界歷史上乃優於東方法則。日後的亞歷山大更進一步確證了這一點。

【1】與波斯人的戰爭

每個民族在跟先前的世界歷史性民族相遇之時期一般會被視為歷史上的第二個時期，希臘人之世界歷史性接觸就是跟波斯人相遇，希臘全境在當中表現得極之精彩出色。

米太戰爭肇因於愛奧尼亞城市對波斯人起義。雅典人跟埃雷特亞人【Eretrians】出手裏助，雅典人基於特別情況而出手：Pisistratus 之兒子在希臘境內想重奪雅典之控制權，事敗而投奔波斯國王。

歷史之父【希羅多德】已為這幾場戰爭給我們留下了出色的描述，而為了我們這裡所追求之目的，我們沒有需要去多提那些細節。**(S256.2, W313)**

希臘人跟波斯人在戰場上相遇是世界歷史性的接觸，因為那是後起的西方法則跟古老的東方法則之比拚。波斯人一向橫行無忌，想也沒有想過大軍竟然會在希臘境內先後吃了幾記悶棍。

Pisistratus (BC 600-527) 是雅典第一位僭主 (tyrant)，他出身貴族，卻反對貴族政治，於是努力改造自己的政治形像，並且爭取農民的支持，（農民也是雅典公民），最終以僭主

身份執政，不斷擴大手上權力，三上三落，前後管治了雅典二十多年，死前傳位予長子 Hippias，後者壓逼貴族過甚，逼使他們聯同斯巴達人把 Hippias 全家趕走，輾轉投靠波斯，後來親身引導波斯艦隊橫渡愛琴海攻打希臘。

兩次波斯戰爭先後發生在 BC 490 及 BC 480，希羅多德在 BC 446 着手撰寫他的名著《戰爭》記述這場驚世的戰爭。

> 在米太戰爭開始之初，**Lacedaemon** 坐擁霸權，而他們在伯羅奔尼撒所幹的事尤其令人矚目：部份是他們征服了 **Messinia** 之自由民，並且貶之為奴隸，部份是他們幫助了許多希臘國家推翻其僭主。**(S256.3, W313)**

Lacedaemon 即是斯巴達，Messinia 是他們在西邊的鄰國，二者差不多同時在伯羅奔尼撒半島的南部立國，Messinia 土地肥沃，物產豐富，但國民疏於國防軍備，斯巴達人則全民軍事化，兼併是早晚會發的。從 BC 735 至 BC 640 的一百年間，兩國先後發生了兩次大戰，斯巴達人出盡手段才把敵人制伏，並且狠心地把這些戰敗的希臘同胞貶為奴隸，（他們原本是自由的希臘公民），這是絕後空前的，

斯巴達人把這些亡國者稱為希洛人 (Helots)，他們是斯巴達的公有財產，任何斯巴達公民都可隨意役使他們，摧殘他們，甚至殺害他們。

除此之此，斯巴達人還多次公然干涉其他希臘國家之內政。由於斯巴達實行寡頭的貴族政治，他們大力壓制國民的「個人意志」，故此非常憎恨以煽動民意為手段的僭主政治，但凡有那個希臘國家的貴族統治階層受到僭主的威脅，斯巴達人都樂意出兵襄助。

從政治意識的角度來看，斯巴達在希臘眾多城邦之中可算是最保守的一個，甚至乎有些向東方世界傾斜的跡象；為了維持公民對國家的向心力，他們不惜扭曲人性，大幅限制家庭之親情，壓制個人之權利，這跟希臘文明追求「自由」之法則是背道而馳的。但話又得說回來，希臘文明也要多得這個極之保守的成員才有足夠力量和氣魄去對抗東方大帝國的來犯。歷史之發展就是充滿吊詭的。

希臘人支援愛奧尼亞人起義這事惹怒了波斯國王，他

> 派出使節到希臘城市要求獻上「水」和「土」，即是
> 要承認其統治權；【在雅典】，使節被羞辱而趕走，而
> **Lacedaemonians** 則過份到把他們拋入一口井裡去，但事
> 後卻非常之後悔，又要派出兩名 **Lacedaemonians** 去蘇薩
> 皇城 (Suza) 請罪。**(S256.4, *W313*)**

BC 521 年，大流士一世 (Darius I) 繼承了波斯帝國的皇位，他隨之強硬地收緊對帝國屬地之管治，這引起了在愛奧尼亞的希臘移民城市之不滿。到了 BC 499 年，Miletus 帶頭造反，雅典也派兵來援助，一度攻入愛奧尼亞首府 Sardis，但最後起義失敗，這事情令到大流士決心要征服希臘本土。

BC 492 年，大流士調動海陸二軍進攻希臘，他們沿著愛琴海北岸摸索前進，結果中途遇上風暴，損失 300 艘戰艦，陸軍也在 Thrace 境內受阻，波斯人無端端吃了一記悶棍，無功而還。

大流士沒有就此死心，今回改變策略，剛柔並重，一方面再次組建大軍，另方面向多個希臘城邦派出使節招降，大部份城邦也願意臣服，唯獨是雅典及斯巴達兩國傲慢地拒絕，逼著大流士要出兵征討。

波斯國王派出一支軍隊去對付希臘全境。面對這個龐大勢力，雅典人及 Plataeans 單獨在馬拉松【Marathon】作戰，結果在 Miltiades 之領導下取得了勝利。(S256-257, *W313-314*)

BC 490 年，背叛雅典的僭主 Hippias 親自引領波斯艦隊直接橫渡愛琴海，選擇了距離雅典東北 42.2 公里的馬拉松海灣登陸。

斯巴達答應出兵，但碰上宗教慶典，要十天後才可啟程。這令到雅典舉棋不定：要等還是不等？波斯陸軍據說有十萬，雅典有一萬，鄰國 Plataea 共可派出一千，從雙方兵力之懸殊角度來考慮，雅典大部份人均認為要等至援軍到達才可決戰。

Miltiades 是當時的十將軍委員會之成員，他力排眾議，認為不能讓波斯大軍站穩陣腳，並成功說服了軍事執政官答允由他領導雅典士兵從陸路趕赴馬拉松迎戰。

雙方差不多同時到達馬拉松。波斯艦隊靠岸後，沒有選擇之下只可在海灘上佈陣，雅典人也沒有選擇，只可在來路之處的山坡地段安營下寨，雙方各自擺下長長的陣勢，彼此相距僅有 1.5 公里，對峙了整整十天。

按道理，波斯人擁有兵力優勢，應該主動進攻才對，原來他們考慮到希臘陣營後面是山坡，他們的騎兵縱使衝潰了雅典的防線，也沒有足夠的空間讓他們迴旋，所以按兵不動；但等了十天，又怕斯巴達的援兵趕到，所以決定撤回船上，打算把艦隊直接開到雅典的外海，改從海上進攻。

Miltiades 一見敵人後退，毫不猶疑地揮兵出擊。但波斯人不是沒有防範，最後只損失了數千人，主力安全登上船隻。但到得艦隊駛到雅典海上時，Miltiades 又及時從陸路回防，波斯人只好作罷。

這場第一次波斯戰爭希臘人贏得有些僥倖，但也不能不歸功於 Miltiades 的勇氣和膽識；若不及時阻截波斯人的去路，讓他們發揮不出十萬大軍的威力，希臘文明恐怕便告完蛋了。

稍後，薛西斯【Xerxes】接著率領其駭人的民族大軍壓向希臘境內，（希羅多德對這支隊伍有詳細的描述），除了這支令人發抖的陸軍外，他還帶上那支名聲仍不太壞的艦隊前來。

色雷司【Thrace】、馬其頓【Macedon】、帖撒利【Thessaly】馬上臣服；但通往真正希臘本土的入口是溫泉關隘道，由 300 名斯巴達人及 700 名 Thespians 把守，他們後來的命運乃人所共知。(S257.1, W314)

BC 485 年，薛西斯繼承了父親大流士的皇位，為了報仇雪恨，他特別籌組了一支為數 25 萬至 50 萬的民族大軍，當中有波斯人、亞述人、印度人等，各有自己的民族服裝和武器，沿著愛琴海的北岸向希臘本土逐步集結，沿途伴有 15 萬水兵和 1000 艘戰船。BC 480 年，薛西斯御駕親征，展開了第二場的波斯戰爭。這場戰爭共有四個重要的戰役：

1. 溫泉關戰役
2. 雅典空城計
3. Salamis 海戰
4. Plataea 之役

當中以溫泉關之役最為悲壯，而 Salamis 海戰則為全場戰爭勝負之關鍵。

由於希臘北方領土無險可守，強如馬其頓及帖撒利也要馬上臣服，但當波斯大軍向南推進到希臘中部時，他們便遇上希臘第一天險——溫泉關隘道。這是一條瀕海的通道，一邊是狹窄的 Gulf of Malis（不容大量戰船通過），一邊是懸崖峭壁，希臘人更在一頭一尾加建兩堵石牆，把通道進一步收窄。

當時的斯巴達國王 Leonidas 帶著 5000 希臘聯軍守關，但因為疏忽了防守一條可繞到自己後方的山路，被一個當地人出賣後，他便主動命令主力撤退，只留下 300 名斯巴達戰士及 700 名 Thespians 死守，為後方爭取時間佈防。

希臘人之策略是要誘敵深入。

被自動放棄的雅典城遭到蹂躪，波斯人信奉沒有形態以及沒有形式的神祇，【希臘人的】神像被視為一種眼中釘。儘管希臘人並不團結，波斯艦隊還是在 Salamis 被擊敗。*(S257.2, W314)*

溫泉關失守之後，停在 Gulf of Malis 的 300 艘希臘戰船立刻撤走。斯巴達想把防線佈在科林斯地峽，以便保護伯羅

奔尼撒半島，雅典的海軍統帥 Themistocles 主張決戰，認為最佳決戰地點是雅典西面的 Gulf of Salamis，而雅典人已答允實施焦土政策，全體居民同意撤走，留下空城去迎接波斯大軍。斯巴達勉強地同意了。

果然，薛西斯面對雅典空城極為光火，一方面大肆破壞希臘神像以洩憤，另方面也狂躁地急於尋找決戰機會。

為了防止斯巴達方面隨時變卦，Themistocles 派出心腹到波斯陣營故意洩露希臘軍情，狂燥的薛西斯果然中計，決定次日拂曉出擊，由泊在外海的 1000 艘戰船中分出 800 隻進入海灣，結果在清晨的濃霧中亂作一團，再加上船體龐大，轉動遲緩，而輕巧的希臘戰船則躲在一旁，伺機出擊，一下子便殲滅了 200 多艘敵艦，看得在岸上觀戰的薛西斯目瞪口呆，然後又衝動地命令所有剩餘的艦隻撤回小亞細亞，希臘人今回真的可以盡情地慶祝了。

在這些勝利的高興日子當中，希臘境內三位偉大的悲劇作家奇妙地走在一起：因為 Aeschylus 有份參予作戰並協助取得勝利，Sophocles 則在祝捷會上跳舞，而 Euripides 剛好也在那段日子裡出世。(S257.3, W314)

BC 473 年，Aeschylus 發表了題為〈波斯人〉的劇作。故事講述留守在 Suza 皇城的一眾波斯老臣和婦女，眾人憂心如焚，當中又以波斯皇后最為苦惱，她以未能調教好兒子薛西斯的暴燥脾氣而自責，她自愧對不起亡夫大流士以及一眾列祖列宗而神傷。情節寫得頗為誇張，作者顯然想大滅敵人的威風，大長自家人的志氣，這正正符合上演悲劇的政治意圖。

> 其後，**Mardonius** 率領陸軍留駐希臘境內，卻在 **Plataea** 被 **Pausanias** 所擊敗，波斯勢力乃隨之而在不同的據點上被瓦解。**(S257.4, W314)**

薛西斯隻身逃回波斯，留下大將 Mardonius 及其陸軍在希臘北部過冬整編，準備下年再決勝負，今回選定了 Plataea 平原作決戰地點，以便發揮波斯騎兵之威力，但卻料不到這支拉雜而成的民族大軍早已軍心渙散，甫一接戰，身為統帥的 Mardonius 便因無重兵護衛而戰死，讓斯巴達國王 Pausanias 輕易取得這場戰爭的勝利。

於是希臘全境解決了那幾乎令它覆亡的壓力。無疑【歷史上】打過更大型的會戰，但這【場大會戰】不單止在民族歷史之紀錄上永垂不朽，而且在科學與藝術上也如是，（一般都是高貴的和倫理的），因為那是世界歷史的勝利：它挽救了【希臘】文化及精神的力量，並且阻截住亞細亞法則的一切威力。(S257.5, W314)

希臘人在特洛伊戰爭勝利的意義遠遠及不上這場波斯戰爭，前者只令希臘人短暫地控制住愛琴海東北水道之利益，後者則讓希臘文明及其精神保住其生存及發展空間，令東方世界跟西方世界各有勢力範圍，因此是世界歷史性的勝利。

在其他場合裡，人們不是也經常為了一個目的而犧牲一切？戰士們不是也經常為了責任和祖國而捐軀？但這裡要讚賞的不只是英勇、才智和氣慨，而是那內容、影響、結果，那在其類別上的獨一無二。

所有其他大會戰總有一種較為特殊的利益牽涉在內，但希臘人不朽的聲譽乃正確地為了更高的【歷史】任務而把它挽救過來；要在世界歷史裡衡量名聲，那並不取決於表面的勇氣，不在於所謂的功績，而是取決於該任務之【歷史】意義，在這裡，世界歷史之利弊得失被擺上天秤：在雙方對峙中，一方是東方的專制主義，（由一

個主人來統治的一種世界），另一方是一眾的【希臘】諸國，（規模及資源俱見匱乏，但卻為自由的「個體性」所鼓舞著）。

歷史上從未來得這麼顯赫，【希臘人】以精神力量之優越性壓倒人多勢眾【的波斯人】，而且那是不可輕視的一個大群體。

這場戰爭以及參戰國在戰後的發展是希臘境內最輝煌的時期，所有落在「希臘法則」的事物現在乃可自行全幅開展，並且展現得一清二楚。(S257-258, W314-315)

波斯人一直迷信皇權與軍隊，以為只要皇帝一聲號令，便可集結多於敵方十倍的兵力，以浩大的聲勢嚇倒敵方，波斯帝國一直靠此策略而壯大；料不到碰上希臘這個年青的民族沒有被聲勢嚇倒，其實希臘人也沒有太大的必勝信心，只是朝氣勃勃，把這場大會戰當作一件好玩的事情，結果憑著一點兒的運氣和本身的機智，硬是把亞細亞法則推回亞洲地區，不容越過愛琴海。希臘人會如是說：希臘世界要由「希臘法則」來支配。

雅典人繼續致力於侵略戰爭一段時期，並因此而昌盛繁榮，Lacedaemonians 由於沒有海軍而要【被逼】保持抑制，雅典跟斯巴達之矛盾從此便開始了，這是歷史研究的一個好題材。**(S258.1, W315)**

為了防範波斯再次來襲，BC 478 年雅典牽頭成立提洛同盟 (Delian League)，籌組希臘的聯合艦隊，成員按國力每年繳納獻金，當初有 150 個城邦參加，在 BC 468 年及 BC 449 年先後兩次擊敗波斯，正式逼使波斯退出了亞細亞。

雅典藉此同盟而成為了海上霸主，也開始用武力威逼離心的成員國，並且濫用同盟的獻金；斯巴達因為不滿雅典藉著同盟散播民主思想而一早退出，到 BC 431 年便爆發了長達 25 年的希臘內戰——伯羅奔尼撒戰爭。

人們可以說，要爭論這兩個國家之優點是多餘的，而是應該指出每個國家是如何為自己【在歷史上】爭取到一個必然匹配的形象。例如，人們可以為斯巴達列出許多範疇，人們可以談及風尚嚴謹、高度服從等等，但在這些國家之主要理念【*Hauptidee*】裡是「政治德行」，雖然這是雅典及斯巴達所共同擁有，但在其中一個國度裡已自行營造出藝術作品之自由「個體性」，而在另一個國度裡則讓自己困於「實體性」當中。

在談到伯羅奔尼撒戰爭之前，（此乃出於斯巴達和雅典
之間的猜忌），我們要更進一步闡明這兩個國家之基本
性格，看看它們在政治和倫理方面是如何各有差別。
(S258.2, W315)

雅典公民已開拓出他們自由的「個體性」，而斯巴達公
民則仍然被困於國家之「實體性」當中。

【2】雅典

我們早已知道雅典是希臘境內其他地區居民的一個避難所，它在自己內裡積聚著一個非常混雜的人口，人們忙碌的方向各異，有農業、手工業、商業（尤其是海上貿易），這俱積聚於雅典，亦因此而引發糾紛：古老而富裕的家族跟貧困者很早便有矛盾；當時可確定的集團有三個，他們彼此之差別乃基於所居地以及相關的生活方式：Pediaeans——平原居民、富人及貴族；Diacrians——山地居民、葡萄和橄欖種植者以及牧人，為數最多；在二者之間是 Paralians——沿海居民，溫和派。**(S258-259, *W316*)**

雅典南面瀕海，對出便是 Saronic Gulf，北面是 Attica 平原，中間夾著不少山地，雅典的公民很自然地產生三個不同的社會階層，矛盾因此最先在城邦之間爆發，這是多元化社會所必然會產生的。

政治體制【本來已】搖擺於貴族政治與民主政治之間，梭倫經由劃分財產階層為四等而點燃了這矛盾的一場怒火：【雖然】所有階層都參予組成公民大會去商討及決定公共事務，但重要的職位卻留給較高的三個階層。**(S259.1, *W316*)**

在梭倫改革之前，雅典只籠統地按國民的身份和職業分作三等級：貴族、農民、手工業者；梭倫則客觀地按國民之財產估值分為四個等級，參政權利按等級而遞減，當中新興的工商業者得益最大，山地的農民全無好處，這令僭主 Pisistratus 有機可乘，他藉著招攬農民的支持而奪取雅典實質的管治權力。

> *值得一提者，當梭倫仍然在世時，儘管他親身出席並且當場提出反對，**Pisistratus** 還是奪取了最高統治權。憲法彷彿仍未曾流入【雅典人的】血液和生命裡，它仍未變成倫理的以及公民的存在之習慣。* **(S259.2, W316)**

Pisistratus 本來是貴族出身，在一次海戰中奪回 Salamis 而為個人立下戰功，但他不甘心只是當眾多領導人之一，於是悉心打造自己的政治形象，極力爭取一般市民的歡心，最後爭取到一支 50 人的衛隊，在 BC 560 年佔領了雅典衛城而當上僭主。

由於雅典市民一般對他也有好感，故此對他這個違反憲法的行為並沒有太強烈的反應，只是有些無可無不可的感覺，結果只剩下最富有的那個財產階層跟他展開政治角力。

但仍值得一提者，Pisistratus 沒有更動【梭倫的】立法，
【及至】他被控告時，他還親身出席議會法庭答辯。
Pisistratus 及其兒子們之統治【在當時】看來是必要的，
【作用】在於【由僭主來】壓制望族及豪門之勢力，逼
使他們服從秩序以及和平共處，但在市民那一方面，就
要逼使他們習慣梭倫之立法。及至這些目的已達，【僭
主】統治一定會被視為多餘的，【源出】自由之法律跟
Pisistratus 家族之勢力就會產生衝突，他們被趕下台，
Hipparchus 被殺，Hippias 被放逐。(S259.3, *W316-317*)

雅典最早的僭主政治維持了 50 年的光景而結束，但卻
令貴族們收斂氣焰，也令市民接受梭倫屈從現實的立法，讓
雅典各階層在團結一致的心態下迎接 20 年後的波斯來襲。

但黨派現在又再次出現了：站在起義前線的
Alcmaeonidae 族人偏愛民主政治，斯巴達人則支持
反對黨派的 Isagoras，他們遵從貴族政治之方向；在
Cleisthenes 的領導下，Alcmaeonidae 族人佔了上風，
這令憲法比以前來得更為民主——沿用已久的四個部落
【Φυλαι】如今增至十個，而這有效地削弱了宗族的影
響力。(S259.4, *W317*)

雅典的民主黨派跟貴族黨派當初聯手推翻 Pisistratus 家族，及至共同的敵人消失後，黨派鬥爭自然會再次出現。由於斯巴達人不敢過份干預雅典的內政，最終由民主黨派的 Cleisthenes 當上執政官，壓住貴族黨派的 Isagoras，並且大事改革。

為了讓平民階層有更多的參政權利和機會，他上台後首先廢除原有的四個部落，（那是由有聲望的宗族所傳下來的，換言之，貴族們藉著這四個世襲的部落而壟斷了政治權利），然後把全國男丁重新分為十個部落的身份，（部落是政治選舉的身份標誌，並非地域上的劃分，每個部落有工商業者、農民、貴族，但各個成員並非住在同一區域，而是各自居於原處，只是到選舉時才按各自的部落身份走在一起），每個部落每年各自選出 50 名代表參加全國的 500 人議會，每個部落的代表輪番執政 1/10 年的時間，全權執行人民大會的決議。此外，還成立了「陶片流放法」，民主氣息可謂一時無兩；但為了國家防務，又成立了一個「十將軍委員會」負責軍隊事務，不能夠讓政治爭拗削弱了軍隊的力量。

最後 Pericles 把國家憲法弄得更為民主些，他減低「最高法庭」在他心目中的重要意義，把向來歸它審理的案件移交人民法庭及普通法庭；Pericles 是一位具有塑造古典性格【能力】的政治家，他把自己奉獻給國家生活而放棄了私人生活，他謝絕所有的應酬和宴會，努力不懈地去貫徹他的目的，好讓國家得益受惠，他憑此而取得崇高的聲望，以至 Aristophanes 要叫他作雅典的宙斯。

(S259-260, *W317*)

英譯者 Sibree 為「塑造」(*plastisch*) 一詞下了個註腳，大意說 Pericles 是個有生命力的人物，能夠以自己的全幅生命去塑造真正的精神形象，去塑造古典時代才會出現的人格、性格。

我們不得不向他致以最高的欽佩，他要領導一群漫不經意但又高度講究精緻和有教養的國民，要取得影響力和威信的唯一手段就是他的人格和說服力，他要表現出自己是一個徹底高尚、全心全意、殫思積慮去謀取國家福祉的人，以致要憑精神和學識來勝過他人。在個人力量這方面來說，沒有任何一位政治家可跟他相提並論。

(S260.1, *W317*)

從處理國家內政的角度而言，Pericles 無疑是成功的，因為雅典市民的性格率直，不會謹慎寬容，對國家的領導人更不會隨便賣帳；但從處理外交的角度來看，他可算極之失敗：挪用提洛同盟金庫的錢財去興建雅典衛城的巴特農神殿已是一大敗筆，他不去修補斯巴達的關係不特已，還派出一支艦隊繞行伯羅奔尼撒半島一圈，希臘內戰可說是由他一手促成。

> 在民主的政體裡，一般都會給予偉大政治人物在發展上最大的空間，因為它特別容許個體們不單止去盡展所長，而且還推動他們去盡展所長；但與此同時，只有當他能夠在精神上和識見上，以至於在激情上和閒情上滿足到一個有教養的民族，個別人士才可發揮其【在社會上的】影響力。(S260.2, *W317-318*)

為了成為雅典市民的寵兒，Pericles 採取了狹隘的「雅典利益至上」方針，沒有好好衡量鷸蚌相爭的後果，結果希臘喪失了世界歷史青年期的朝氣和特質，最後淪為亞歷山大東征的後勤基地，繼而成為羅馬轄下的一個行省。

在雅典裡存在著一種活潑的「自由」以及一種在風尚和精神教養上活潑的「平等」，而縱然在財產上的不平等乃無可避免，卻也未至於走向極端，憑倚著這種平等，徜徉於這種自由之內，所有性格上以及天賦上的不平等、所有個體上的參差俱可得到最自由的發揮，而且在周遭盡可找到有助發展之最大量的激勵，因為在整體裡都是雅典本質之特徵——由優美的「精神」所鼓動的個人和文化獨立性。(S260.3, *W318*)

雅典的本質是由優美的精神所鼓動的自由，但這種自由乃未經考驗，它是處於「正題」的狀態，是希臘人在其獨特的地理形勢和歷史背景之下所自然形成的，它沒有進入「反題」階段去備受矛盾的衝擊，進入這階段的是羅馬人——龐大的帝國版圖逼使羅馬公民要盡更多的國家義務，要減少個體的自由；但這個矛盾到羅馬帝國沒落之日也得不到解決，黑格爾認為這矛盾要由歐洲的日耳曼民族來到十八世紀才可得到解決——他的《法權哲學》就是講述現代的國家憲法如何以理性的方式去解決「個體自由」與「集體自由」之衝突，世界歷史到此方才進入「合題」的階段。

「正題」是 thesis，「反題」是 anti-thesis，「合題」是 synthesis，換言之，歐洲以辯證的方式經歷了世界歷史之青年期、成年期以至於老年期；換言之，歐洲人勇於經歷歷史之「質變」，令世界歷史大起大落，由大破裂而至大圓融，甚至乎，當圓融還未來得及鞏固好基礎之時，更大的矛盾破裂又被挑起了，尋且是世界性、全球性的矛盾——全球金融危機、全球暖化危機、全球生產過剩、環境污染……。

在 Pericles 推動之下，這些永恆的文物雕刻被創造出來了，小量的殘迹已令後世驚訝不已；在這些民眾面前又上演了 Aeschylus 以及 Sophocles 之劇作，以至稍後 Euripides 的作品，但他的作品已不再繼承同一樣塑造性的倫理性格，而且日益流露出墮落的法則；Pericles 向這些民眾發表演說，從中喚醒了一個圈子的人物，成為了流芳百世的古典氣質，當中除了修昔底德、蘇格拉底、柏拉圖之外，還有 Aristophanes，在其國民處於墮落的時刻、陷於全面的政治危機之際，他在這份危機之中【仍然】為祖國的幸福而寫作和編劇。(S260-261, *W318*)

來到 Pericles 的時代，偉大的雅典正步向墮落：他們物

欲熾熱，意圖稱霸希臘，個體意識膨脹，重智精神高漲，城邦步向解體。

在雅典人當中，我們識認出「個體性」在一種倫理性精神雰圍之內有一番經營、蠢動、改造；Xenophon 及柏拉圖對上述情況有所指責，其實，我們看到的有關指責乃開始於較後期，當其時也，民主政治早已陷於不幸和敗壞。

若然我們想借鑑古人來評價雅典人的政治生活，我們一定不可借鑑於 Xenophon，不可求助於柏拉圖，而是要求助於這樣一輩子的古人——他們對國家現況有明確的理解，掌管著【具體的】事務，並且起著偉大領袖的作用，此即政治家是也；在這些人當中，Pericles【彷彿】來自神祇圈子，他等同於雅典個體們之宙斯。(S261.1, *W319*)

雅典人的「個體性」在甚麼時候膨脹到足以破壞城邦的原始和諧，這是很難判斷的，但 Pericles 要用上天才政治家的手腕才安撫得住他們，則臨界點大約也在斯世矣！

修昔底德把他對雅典最深刻的勾劃放到 Pericles 的口中；

藉著為陣亡戰士舉行葬禮的機會，（戰士們死於伯羅奔尼撒戰爭的第二年），他講了話，他要申明這些戰士是為了城邦的甚麼以及為了何方利益而陣亡，（藉此方式，演說者順勢轉向重要的陳述），現在他描述了雅典人的性格，他所說的不單止是最具深度，而且是最為正確而又最為真實。

他說道：我們崇尚優美，但不會流於奢華，也不會成為浪費；我們探討哲理，卻不會容許我們陷於優柔寡斷和無所事事之誘惑，（因為人們如果沉緬於其思想，他們就會疏遠自己於實踐，疏遠自己於那些為公家、為公眾的活動）；我們果敢而大膽，憑著這份勇氣，我們對自己所承擔的事情仍要有所交待，（我們對此懷有一份意識），其他民族則相反，他們的勇氣乃立足於文化修養之缺乏；我們最懂得分辨甚麼是舒適以及甚麼是艱難，儘管如此，我們也不會容許自己臨危而退縮。

——於是雅典交出一個國家之奇景，活著基本上就是要以追求優美為目的，當中有著一種熱切關注公眾事務之成熟意識，以致關注人類精神和生活利害得失之成熟意識，而且結合著果敢的勇氣以及實際的能幹性情。
(S261-262, W319)

果然是一段很有氣勢的說話，只可惜奇景已去到盡頭。

【3】斯巴達

【跟雅典】相反，這裡我們看到僵硬的抽象德性，生命【是】為了國家，但儘管如此，個體性之躍動、自由卻被冷落一旁；斯巴達的國家形態乃任由【政府】機構去貫徹國家利益，但所秉承的宗旨不過是了無精神的「平等」，而並非自由的活動。(S262.1, W319-320)

很難想像在自由的希臘境內竟然會產生出一個壓制「個體自由」的斯巴達，其社會制度僵化，對奴隸極之殘酷無情，是希臘城邦之中的一個極端；其「平等」之目的不過是要把國家打造成為一部戰爭機器而已，那當然是了無精神在內。

斯巴達的發皇一早就跟雅典的大有分別：斯巴達人是 Dorians，雅典人是 Ionians，而這個民族上的差別就影響了各自對憲法的構想；斯巴達之冒起方式涉及到 Dorians 聯同 Heracleidai 闖入伯羅奔尼撒、征服本土的部族並貶他們為奴隸，因為克洛人【Helots】毫無疑問是原居民，克洛人的遭遇稍後就輪到 Messenians 來承受，因為斯巴達人在性格上有著這麼一種不人道的殘酷。(S262.2, W320)

Dorians 是最後一波南下的古希臘人，他們掌握了鐵器，民族性較上一波的 Ionians 來得粗野、現實，乘著邁錫尼文化的沒落而遷入境內；至於 Heracleidai 則是邁錫尼文化的後人，也許競爭實在十分激烈，一部份人就要再向南面遷移。

> 與此同時，雅典人過著一種家庭生活，奴隸在他們之間是家人身份；斯巴達人對被征服者之關係比起日後土耳其人對希臘人來得更殘酷，在 **Lacedaemon** 境內是一種持續的交戰狀態。 **(S262.3, *W320*)**

Lacedaemon 是伯羅奔尼撒半島南端的一個狹長河谷，斯巴達人佔領了上游部份，扼守著南北通道的咽喉，中下游的居民被稱為周邊居民 (Periaeci)，他們不是奴隸，而是跟斯巴達人同種，但卻以自由人的身份從事軍事以外的所有生產工作，他們沒有政治權利，但甘心服從斯巴達人的發號司令。由於二者居住在同一條河谷，因此都被叫作 Lacedaemonians，有時是統稱二者，有時又單指其中之一。

監察官 (Ephors) 就職時就要對克洛人發表一通全面的戰鬥宣言，而這項任務往往就會交予年青的斯巴達人作實戰訓練；偶爾克洛人會被放出來跟敵人戰鬥，他們在斯巴達隊伍中同樣英勇無比，但到班師回去之時，他們會被斯巴達人以最卑鄙而陰險的方式殺個淨盡；比如在一艘奴隸船上，船員經常要持械以防叛變突然發生。於是斯巴達人對待克洛人就如同對待敵人一樣，永遠要戒備森嚴，時時刻刻要處於戰鬥狀態。(S262.4, *W320*)

斯巴達人真是不可思議。

正如 Plutarch 所描述，土地財產早已按照 Lycurgus【的立法】而分作均等的份額，當中 9,000 份單獨配予斯巴達人，（即是城市居民），而 30,000 份則配予 Lacedaemonians 或周邊居民 (Periaeci)，同時為了維護「平等」起見，又規定土地份額不得出售，但證諸 Lacedaemonians 日後每況愈下竟然是由財產之不平等所造成，可知一個這樣的措施實在了無建樹。(S262-263, *W320-321*)

第一個 Lacedaemonians 乃專指周邊居民，第二個乃統稱。

> 由於女兒可以繼承財產，於是少數家族就可以藉著婚嫁
> 而擁有大量財產，直至最後，所有的土地財產就落在一
> 小撮人手中，這彷彿要表明一件事——意圖以死板的方
> 式去推行一種「平等」是多麼的愚蠢，那不單止一丁點
> 的效用也沒有，反而摧毀了最根本的「自由」，那就是
> 對財產之支配權。(S263.1, *W321*)

中國歷代有不少皇帝嘗試行「均田制」，結果無不弄得焦頭爛額。傳統中國對各種的土地轉讓方式都很熟悉——正常買賣（但通常是買方壓價，沒有競價系統可言）、官府沒收、國家賞賜或授予、自行付出勞力去開墾荒地……。但就是不明白土地財產之支配權乃為「自由」之最根本體現。

> Lycurcus 的立法還有一項奇怪的環節，他禁止所有鐵鑄
> 以外的貨幣流通，這必然為所有對外對內的經營和貿易
> 帶來一種異化【*eine Aufhebung*】；斯巴達人同樣沒有
> 任何海上力量，那是唯一可以支持及促進貿易之力量，
> 而當他們需要這樣一種的力量時，他們只好轉向波斯人
> 求助。(S263.2, *W321*)

斯巴達人真是死板得要命。貨幣之作用本應在於促進貿易，減少以物易物之不便，但當其重量近乎一種商品或物資時，其貨幣之作用便被抵消而構成一種自我之異化——貨幣自身異化成為商品物資。

為了倫理風俗上的平等一致，尤其是為了促進市民相互之間有親密的交往，斯巴達人會聚在一起共同用餐，但家庭生活卻為著團體生活而被忽視了，因為吃喝是一樁私事而【理應】份屬家室之內。雅典人是這樣的：他們之間的交往並非物質的，而是精神的，正如我們從 Xenophon 及柏拉圖那裡所看到的一樣，就連宴會本身也是精神的風尚，斯巴達人則相反，共同聚餐的費用要由個別人仕出資分攤，而有誰窮至無力出資，他就會被摒諸門外。**(S263.3, _W321_)**

斯巴達人之聚餐發乎公民責任多於朋友之間的暢敘，其目的功能乃在培養公民於作戰時之同袍意識。

現在要講到斯巴達人的政治憲法，其基礎也算得上是民主的，但經過大幅度的修改，那差不多成為貴族政治和寡頭政治。有兩位國王在領導國家，他們身邊有一個元老院【γερονσια】，那是由最優秀的人所組成的，而且還履行一種法院的功能，之不過它是按照倫理的和法律的習慣而並非根據寫下來的法律去作出裁決。*(S263.4, W321-322)

黑格爾在這裡加上小段按語：

*Otfried Müller 在他的「多利安人歷史」裡對此未免褒揚過甚，他說：正義彷彿是銘鐫在他們內心似的。然而，這些銘鐫永遠只是某些相當不明確的事物，法律必須是明文寫下來的，藉此讓人們明確地認識到甚麼是被禁止的以及什麼是可以隨意的。

德文全集之編者有些少補充：上述作者之著作原名《希臘部族和城市之歷史》，出版於 1820-24 年，第二冊題為《多利安人》。

除此之外，γερονσια 也是最高的管治機關，是國王之顧問，管轄著最重要的【國家】事務；最後是一批擁有最高職權的監察官【Ephors】，關於他們怎樣獲選，我們沒有任何明確的消息，阿里士多德說獲選的方式極之兒戲，通過阿里士多德我們得悉原來沒有身份、沒有財產的人仕也可得到這些職權，監察官有充份的權力——召開國民會議，容許表決，補充法律，差不多等同羅馬的護民官表決【tribuni plebis】，其權力日趨專橫又近乎羅伯斯庇【Robespierre】及其追隨者有一段時間在法國所行使的一樣。**(S263-264, W322)**

斯巴達的元老院連兩位國王在內共有 30 人，（28 位成員要在 60 歲以上），每年在國民會議中選出，另外再在國民會議選出 5 名監察官，監察官的重要職責是每月跟兩位國王相互交換誓詞——國王發誓要服從法律的規限，監察官則發誓支持兩位國王執政；如此看來，監察官沒有任何社會身份也不是問題，至於日後變得專權，那是任何權力的必然發展。

> 由於 Lacedaemonians 把其精神徹底投向國家，以致精神
> 文化、藝術和科學就不能在那裡立足；在其餘的希臘人面
> 前，斯巴達人看來是固執、粗野和笨拙的人，就算是一件
> 稍為複雜的事情也不能好好執行，又或者做起來也是笨手
> 笨腳的。修昔底德借雅典人的口向斯巴達人說道：『你們
> 所擁有的法律和風俗跟人家的並不相通，【在國內】你們
> 會遵守自己的，當你們身處外地時，你們既不遵守當地的
> 法律和風俗，也不會恪守古代希臘向來的傳統。』
>
> 在本土的交往裡，他們是完全守法的，但當事涉外面的
> 民族時，他們會直言不諱地解釋——凡事令他們滿意的
> 就值得表揚，凡事令他們獲利的就是合法。眾所周知，
> 在斯巴達那裡，（在埃及亦然），拿走生活必需品在良
> 知上是允許的，只要小偷沒被當場發現便成。(S264.1,
> W322-323)

　　軍國主義統治下的公民似乎也有上述的傾向。斯巴達可
算是最早出現的軍國主義國家，而且執行得十分徹底。

> 於是乎，雅典和斯巴達這兩個國家就截然相反，一個的
> 倫理生活乃以國家為主之強硬路線，在另一個也可找到
> 這種以國家為主的倫理關係，但內裡卻夾著有教養的意
> 識以及伴著無盡的活動去從事對「優美」之創造，以至
> 隨後對「真理」之創造。(S264.2, W323)

斯巴達獨沽一味鼓吹尚武精神，羅馬兵團以及日後各式各樣的兵團俱繼承了其遺風；雅典文武兼備，雅典哲學支配了整個西方哲學的發展。二者對日後西方文化的發展同樣影響深遠。

這種希臘的倫理生活呈現出優美無比、和藹可親以至饒有興味，儘管如此，那並非精神的「自我意識」之最高立足點，它缺乏了「無限的形式」，這【形式】正好就是每個「思想之反省」要在自己內裡擺脫自然的階段，那是蘊藏在優美世界性格以及神祇世界性格裡的感性特徵，情況好比要擺脫那蘊藏在倫理生活之「直接性」一樣；它缺乏了對「思想」的掌握，那是「自我意識」之無限性——凡是被我視為法律及倫理生活者俱要在我自己內裡經由我的「精神」見證來加以確認，而優美不過是在感性直觀或感性想法裡的理念而已，同時，【藉著思想】它也可以成為真理，成為一個內在的、超感性的世界。(*S264-265, W323*)

一言以蔽之，希臘人的優美世界是感性的、直接的產物，那並不是思想的產物，只有思想才是無限的形式，只有思想才足以表達「精神」之無限內涵和特性。但當希臘人進入思想的領域時，他們也淡出那個優美世界，因為思想產生了間接的、抽象的概念，概念是探討真理的工具，並非欣賞之對象。

> 正如我們剛才講過，「精神」只能夠短時間停留在優美的精神性統一之立足點上，而更進一步的發展和墮落，其源頭乃出自主體性、道德性、個別之反思以及內心世界之成素。(S265.1, *W323*)

東方世界及其他農業文化可以長時間停留在原始的和諧、統一，由於地理環境以及家長制、家天下的政治壓力所致，當地的「個體性」沒有足夠的力量去打破這個統一、束縛以致引發質變，以致每次轉朝換代之後又再重複家天下的統一；希臘則不然，他們的「個體性」早已相當活躍，進入思想的世界是早晚要出現的事情，到那個時候，他們就會告別優美世界之統一，轉而要面對各種矛盾、破裂，引發各種質變，逼令西方的「精神」謀求「再統一」的出路。

> 希臘生活最優美的全盛期不過維持了約莫 60 年，由 BC 492 年的米太戰爭直至 BC 431 年的伯羅奔尼撒戰爭為止，道德之法則一定會闖進來而成為墮落之開始，但在雅典和斯巴達各以不一樣的形態展示出來：在雅典是公共綱紀之廢弛，在斯巴達則是私人道德之敗壞。雅典人在沒落中證明出他們不止可敬而且偉大、高貴，在某個程度上我們必須寄予同情；斯巴達人則相反，主體性法則演變成為一種庸俗的貪婪以及一種庸俗的墮落。(S265.2, *W323*)

BC 399 年，（在雅典民主派重新回朝不久之後），蘇格拉底被人告以三條罪名：在雅典街頭四處妖言惑眾，公然否定雅典的神靈，敗壞雅典青年人的德行；蘇格拉底沒有退縮，反而借機在陪審團面前雄辯滔滔，力斥時弊，以致自甘伏法而死。這一幕算得上是雅典高貴的墮落。

BC 371 年，斯巴達被 Thebes 軍隊打敗，自此便兵員不繼，人口急速下降，至 BC 244 年只餘下 700 多人，此乃全民皆兵之必然結果。斯巴達人口本已不多，國家把所有的青少年徵召入伍，訓練成為精英戰士，戰事規模一經擴大，傷亡率一經提高，社會上便沒有了再生力量。這種墮落也算得上夠庸俗。

【4】伯羅奔尼撒戰爭

墮落之法則首先展示自己於外在的發展，那不限於希臘諸國相互對抗的戰爭，而且也發生在城邦內部的派別戰爭。希臘的倫理生活不適合讓希臘全境形成一個團結的國家，因為小國們分離獨立而又相互對抗；【對比之下】，都市密集乃為這種自由之必要條件，全體的利益和文化建樹要在此才成為可能。(S265.3, *W324*)

更根本的其實是希臘的地理條件並不適合團結或統一，雅典已算得上是人文薈萃，但勢力範圍也是止於 Attica 平原以及 Corinth 地峽，強如斯巴達也只能夠兼併鄰國 Messenia，勢力範圍始終越不出伯羅奔尼撒半島。

在特洛伊戰爭所出現的不過是一種片刻的聯合，在米太戰爭之中，甚至連這種【片刻的】統一也沒達成；就算當中流露出這麼一種【團結的】方向，部份出於【團結基礎】薄弱，部份則因妒忌從中作梗，而爭逐霸權更令有關國家相互對抗，敵意的累積最終在伯羅奔尼撒戰爭中來個總爆發。(S265.4, *W324*)

這場戰爭發生於 BC 431 年至 BC 404 年，期間幾度停火而又再幾度開戰，蔓延了幾乎 30 年，所有希臘國家皆被捲入戰火當中，那幾乎成為希臘境內之世界大戰；戰爭最後由斯巴達取得勝利，但其他各國俱元氣大傷，近千年之努力建樹乃毀於這場荒謬而又看來不可避免的世紀大戰。

> 在此之前以及在戰爭開始之初，Pericles 身居雅典人的領導地位，他的【權力】自由乃最為民眾所妒，不過他高尚的人格以及他偉大的才華讓他澄清了自己的立場。(**S265.5, *W324***)

當其時也，雅典由於掌握了提洛同盟的金庫，執政官的權力變得極之龐大；Pericles 是民主派的領袖，從 BC 443 年到 BC 429 年，他年年都當選首席執政官，雖然為了令雅典變得更民主而向貴族派開刀，但他的私人生活極之檢點，從來不出席宴會，又專心從事國家公務，在反對聲中帶領雅典人去面對這場希臘內戰。

> 打從米太戰爭以後，雅典便擁有霸權，它有一大批同盟國，部份是島嶼，部份是城市，同盟國必須繳納一份捐獻去延續對抗波斯人的戰爭，捐獻並非派出艦隻或部隊，而是以金錢支付，一股驚人的力量便借此在雅典積聚起來，一部份金錢被花在宏偉的建築上，由於這屬於「精神工程」，大家也樂得有與榮焉。(S265-266, W324)

Pericles 調用提洛同盟金庫的錢財去打造雅典衛城的建築群，從宏偉的山門到矚目的巴特農神殿，整個建築群的布局構思有著攝人的氣魄，用料非常之講究，但也所費不菲，雖說是一項「精神工程」，只是如此揮霍公家的錢財，未免招至同盟國之不服。

> 但 Pericles 並非單單把金錢用於藝術工程，而且同時也有為民眾著想，人們要在他死後才注意到他已在許多軍火庫裡積存了大量儲備，尤其在海軍的武器庫裡。
>
> Xenophon 說道：有誰不需要雅典？所有盛產穀物和牲畜、油類和酒品的地方，所有以金錢或其知識謀生的人，（工匠、智者、哲人、詩人），以至於所有渴望看到神聖建築以及聽到公共演說的人，有誰不需要雅典？(S266.1, W324-325)

雅典無疑是希臘境內的貿易中心、文化中心、政治中心，但這不表示雅典可以目空一切，尤其不能輕視斯巴達這個強鄰。

> 伯羅奔尼撒戰爭在本質上不過是雅典和斯巴達之爭鬥，修昔底德給我們留下這段歷史之大部份，而這部不朽著作乃人類在這場鬥爭裡的絕對收穫。**(S266.2, W325)**

戰爭爆發時，修昔底德 (Thucydides) 年約 30 歲，出身雅典貴族，BC 424 年被選為十將軍之一，率領一支小艦隊駐守北方的 Thrace，但被人誣告貽誤軍機，革職之後留居當地，密切注視戰況的發展，隨時留下紀錄，最後完成《伯羅奔尼撒戰爭史》，戰後得到特赦回國。

> 雅典聽任自己被 Alcibiades 那套騙人的方案所迷住，並因此很快衰弱下來，要屈服於斯巴達之下；後者卻犯上通敵罪行，竟然掉過頭來向波斯求助，並從波斯國王那裡得到金錢和一支艦隊。**(S266.3, W325)**

BC 431 年，斯巴達組成伯羅奔尼撒同盟之後，便大舉揮軍北上進攻雅典而拉開戰幔。Pericles 沿用當年對付波斯人的策略，把周邊的居民全部遷入城內，盡量避免跟對方強

悍的陸軍正面交鋒，起初有些效用，令斯巴達人無用武之地，但日子一長，雅典城內便因人口過份擠逼而發生瘟疫，Pericles 隨後也染病而死。

接下來，雅典政壇上的溫和貴族派與激進民主派輪番執政，跟斯巴達的關係也隨之而時好時壞，間歇性地講和與開戰。直至 BC 415 年，Alcibiades 在公民大會煽起雅典民眾的決戰情緒，提議攻打斯巴達在西西里的糧倉 Syracuse，於是他率領 5,000 名重裝備步兵及 134 艘戰艦，浩浩蕩蕩地開赴義大利南端，但尚未正式開戰，他在國內被人告發而要投奔斯巴達，結果這支雅典大軍在 Syracuse 一役慘敗，傷亡及被俘的不計其數，盟國紛紛背棄，而國內政爭依舊不輟；雅典至此敗象已呈。

斯巴達在波斯人的支持下組成海軍，隨即跟雅典的海軍展開大決戰，本來雅典大獲全勝，但再次因為國內政爭而把勝利拱手讓回斯巴達；BC 404 年，雅典城破而沒有任何一個盟國來救援。

他們進一步犯上一樁更嚴重的叛逆罪行，他們廣泛地在雅典以及希臘境內的城市廢除民主政治，而去扶植那些取得寡頭政權的黨派，（但力量又不足以自立門戶）；在 Antalcidas 的和約上，斯巴達最終犯上頭號的叛逆罪行，它把小亞細亞的希臘城市斷送予波斯政權。(S266.4, W325)

BC 387 年，雅典早已投降多年，但斯巴達為了延續自己的霸權，竟然派出使團到波斯簽訂上述的和約，出賣了小亞細亞希臘城邦的主權，並且解散了所有的希臘聯盟，由斯巴達主導的伯羅奔尼撒同盟除外。

現在 Lacedaemon 已【在希臘】取得一種重大優勢——它不僅藉著在各地安插寡頭政權，而且在個別城市如 Thebes 派駐軍隊。但相比於以前的雅典政權，希臘諸國對斯巴達的壓逼更形憤怒，它們要擺脫桎梏；Thebes 乃站在它們的最前方，並因此在一段時期成為希臘境內最突出的民族。(S266.5, W325)

　　當年雅典只是壓逼成員國服從提洛同盟的要求，好讓大家擁有更大的集體力量去對抗東方的帝國法則，雅典的角色是希臘文化之保護者；如今到了斯巴達當權，它的角色卻來了一個大逆轉，它竟然出賣希臘文化來保住自己的霸權，難怪希臘諸國要奮起反抗。

斯巴達政權瀕臨瓦解，Messenia 諸國則藉著休養生息而建立起一支對抗 Lacedaemon 之永久力量。**(W325)**

英譯者 Sibree 漏了上文這一句，現按德文全集補回。

但 Thebes 之全部力量要多得於兩位知名人物——Pelopidas 與 Epaminondas；於是，正如因為在那國家裡的「主體性事物」普遍地佔了優勢一樣，這裡的抒情詩、主體性的藝術尤其興盛，【當地】有一種主體性的心靈交往證明了這一點——那被稱為「神聖隊伍」者乃構成了 Thebes 陸軍之主力骨幹，那是由情人和戀人所組成而令人矚目。而正如因為 Epaminondas 之死而令到 Thebes 打回原形，由此證明了主體性之力量就是當地的主力。**(S226-267, W325-326)**

上述二人是 Thebes 民主派的領袖，在斯巴達佔領期間，前者留在國內伺機起義，後者流亡國外去組織反對力量，二人是生死之交，也就是同性的戀人，黑格爾這裡說的「主體性事物」乃指這種同性的愛慕，當地這種風氣甚為流行，尋且借此而組成「神聖戰隊」，把步兵方陣改良為斜楔型，這需要身邊的伴侶誓死掩護才可發揮威力，結果 Thebes 不單止打敗了斯巴達，還成了新的希臘霸權。但後來領袖折翼，其同心的力量便告消失，結果只能稱霸十年便打回原形。

> 希臘境內既衰弱又錯亂，現在它已不能再在自己身上找到任何的安全感而需要一個權威；城市之間捲入無休止的爭鬥，而市民自己則分裂成為黨派，【情況】就好像中世紀的義大利城市一樣，一派之勝利導致其他黨派被放逐，而這些被逐者又掉過頭來向祖國的敵人求助，由此而展開戰鬥；鄰國之間要和睦共處已不再可能，它們不僅各自準備對方之覆亡，而且也在自己內裡準備本身之覆亡。**(S267.1, W326)**

發展到這個地步，希臘諸國在世界歷史舞台上已無角色可言，希臘歷史已屆落幕之時。黑格爾在下面乃從哲學的角度去探討希臘世界沒落之內在因由。

現在我們要就著其深層意義去考察希臘世界之敗壞以及那表達成為為其自己而自由所形成的「內心世界」之相關法則，我們看到「內心世界」以多重的方式迸發，「思想」是內在的普遍，它危害到希臘優美的宗教，至於個體性之情欲以及【一般的】意欲則危害到國家憲法和法律，而「主體性」在所有事物也要求自我掌握和自我表達，這就危害到全體【希臘文化】當前之直接狀況【unmittelbaren Bestehen】，由此可見，「思想」在這裡以敗壞之法則而亮相，然而敗壞的是那實體性的倫理生活，因為它挑起了一種矛盾對峙，進而喚起那重要的「理性法則」。(S267.2, W326)

「內心世界」(Innerlichkeit) 是心靈主體之自我活動，這種內在的心靈活動有不同的層次和方式，哲學家在思想的層次去追求終極真理，一般人會在欲望的層次去追求自我之滿足，它們的出現俱會危害到希臘城邦文化之「直接性」(Immediacy)，後者是優美文化之基石——希臘人之「主體性」是直接地跟外在的「對象世界」打成一片而具有原始的和諧，但當自我意識冒出頭來，「內心世界」跟「對象世界」便產生矛盾對峙，心靈由此而開始漫長的辯證發展，步步逼

向「理性法則」，步步走向最高的自由，此乃人類思維發展之終極目的；但是，人類心靈的蛻變過程不會終結，正如人類的歷史不會終結一樣。

> 在東方國家裡，現存的是了無矛盾之世界【*Gegensatzlosigkeit*】，那不可能成為一種道德的自由、抽象化之最高法則。
>
> 但當「思想」認識到自己是積極的，正如在希臘境內一樣，那麼它就會樹立法則，而這就會用上一種本質的關係來看待那現存的「現實世界」【*Wirklichkeit*】；因為希臘人的具體生活就是倫理生活，生活是為了宗教、國家，當中不須要進一步的反思，不須普遍的規定，這規定會立刻要求自己疏遠具體的形態，並且一定會要求自己跟它對立起來。**(S267-268, W326-327)**

關於東方國家了無矛盾的問題，這可分幾個不同的層次領域來說：

(1) 政治的——東方國家的專制政治壓逼得人民個體性
很厲害，統治者與被統治者的矛盾其實相當嚴峻，
但基於地理及其他文化因素的影響，東方個體始終
沒有意識到自己作為國家的一個成員份子是可以有
著自己的公民權利，而是逆來順受，讓統治集團自
我腐敗而至於跨台，再由新的統治集團上台，重蹈
歷史的覆轍。故此看來了無矛盾，其實是個體的動
力不足夠去令這個政治的矛盾衍生質變。

(2) 地理的——東方國家多數是以農業為經濟命脈，對
土地的倚賴和感情甚深，安份守己、順應天時、樂
天知命，不會像希臘人那般四處亂闖。東方人跟大
自然融洽相處，了無矛盾，這是地理因素使然。

(3) 宗教的——此中以中國的道家和佛家最典型，信徒
們講求無為、無我、無爭、無執，他們直接化解矛
盾，頓悟最直接，漸悟稍為曲折一些，但俱盡量不
讓矛盾擴大以致破裂。

(4) 理論的——由於東方人講求對智慧的領悟，故此不
　　喜歡也不慣於運用抽象性的分解思維，而是用非分
　　解的語言就著具體的生活作出指點，由於根本沒有
　　鮮明的理論體系，所以「理論世界」跟「現實世界」
　　便沒有矛盾。從境界實踐而言，這是高明，但從理
　　論認識而言，這又不能不算是遺憾。

　　黑格爾這裡評東方世界沒有矛盾乃針對第（4）點而言。
除了佛教有較多名相概念外，東方哲學一般不會用概念去界
定自己思想之本質，因此不會出現「形式」跟「內容」之對
立問題；但蘇格拉底大力逼問道德之本質，令其後的西方哲
學家陷入「形式」跟「內容」之對立迷思，好不容易才由黑
格爾以思辨哲學的體系化解這個難題；但他的理論系統比前
人的更龐大，欣賞者自會讚嘆不絕，不欣賞者則會破口大罵。

　　法律是現存的而「精神」就在它內裡，但只要「思想」
一經冒出頭來，它就會查考憲法【之不足】，它會提出
甚麼是最佳的，並且要求得到承認以取代現有的狀況。
(S268.1, W327)

雅典人之思想最早冒出頭來，因此對國家憲法最多意見，黨派之爭也最為劇烈。

> 在希臘的「自由」法則裡，（由於它是自由之故），它一定會變成那種為其自己而自由的思想。我們看到它最早冒升於那七賢的圈子裡，（我們早前已有所提及），這些人最先捕捉到要訴諸普遍的準則【Sätze】，雖然那個時代的智慧充其極也不過是在具體的識見裡顯得老練；隨著宗教性的藝術以及政治境況之發展步伐，與之【同時】共進者是其敵人和破壞者——「思想」之強化。及至伯羅奔尼撒戰爭的年代，科學早已發展起來，伴隨辯士們而來的，乃為對現存事物之反省以及要求對它們的源起有個合理的解釋。**(S268.2, W327)**

辯士 Protagoras 高唱「人是萬物之尺度」，當中雖然沒有甚麼理論基礎，卻大大的鼓勵了希臘人的主體性，希臘人意識到事事須要有自己的主見才成，尤其要對傳統觀念質疑，他跟蘇格拉底在學生面前的一場辯論更是膾炙人口，誰對誰錯並不重要，而是二人展現了一場思想的正面交鋒，希臘人的心靈已產生了巨變，西方的重智精神也由此而告形成。

在希臘人的實際生活裡和藝術作品裡，我們看到的正好是這種活力和活動，【如今】又顯現為自我之尋尋覓覓以及觀念之轉化，就像人類改造、加工、把弄感性事物一樣，【如今】精神之內容、念頭、意識正好又同樣被四下運動，成為了活動的對象，而這活動又成為了自己的一項興趣。(S268.3, *W327*)

所謂思想也者，那不過是人類把自己內心的想法加以改造、加工、把弄——有人隨便地胡思亂想一番，有人講究邏輯推理，有人輕描淡寫，舉重若輕，有人匠心獨運，體系森嚴，林林總總，不一而足。希臘人隨著辯士們的到臨而把思想轉向問辯、分解的模式，雖然日益抽象，卻樂此不疲。

「思想」之運動以及當中的內心活動本來是毫無利害關係的遊戲，如今卻變得利益攸關——素有訓練的辯士們並非學者或學術人物，而是深懂玩弄思想之大師，他們令希臘人嘆為觀止，他們對所有問題皆有一個答案，對於所有人皆感興趣的政治及宗教內容，他們都有【獨特而】普遍的觀點，更有甚者，【他們宣稱】所有的事物皆可被證明，在所有的事物裡皆可找出足以辯論的一面。(S268.4, *W327-328*)

雅典富甲一方，辯士們自然蜂擁而至，大顯身手，賣弄口才。

在民主政治裡有著【一種】特別的要求——【參政者】要站在民眾面前說話，要為他們提出伸訴，並要把他們的想法歸列為重要的觀點而提出來，這裡精神【思想】的修養是必要的，希臘人在其辯士們身上得到這些操練；但眼前這些思想訓練又變成了市民要貫徹其企圖及利益之手段，老練的辯士懂得把對象左右播弄，以致【希臘人之】情慾中門大開。(S268-269, *W328*)

在民主政治裡，當中有個環節需要喚醒市民對個人權利之爭取，但政客為了得到支持，往往大灑公眾之金錢去拉攏市民，令市民由冷漠而變成貪婪，令集體的利益受到損害。雅典是第一個身受其害的民主國家。

辯士們有個主要法則，曰：『人乃萬物之尺度』。但正如他們所有的格言一樣，裡面藏著雙關語：「人」可指精神在其深度及真理世界【之高級狀態】，或指「人」在其喜好及個殊利益【之低級狀態】；辯士們所指者僅僅是主觀的人，並且以【個人】喜好來為該法則解釋甚麼是正確，而又以主觀的【個人】利益來作最後的決定基礎。(S269.1, *W328*)

「人」可以是最高級的動物，也可以是最可怕的動物，人有動物性、意向性、理想性、罪惡性……，根本不能籠統地陳述。簡單地說，「人」最低限度可區分為兩個狀態：若能發揮其精神理性而進入真理世界者屬於高級狀態，若不能而任讓其欲望習性支配生命者則屬於低級狀態。辯士們為投世俗之喜好，當然以後者為最終準則。

> 這種詭辯術在所有的時代俱會一再出現，（只不過有著不同的形態），於是在我們的時代也同樣有人以主觀的意見來解釋正確的事物是甚麼，以感情來作決定基礎。(S269.2, W328)

黑格爾這裡針對跟他同期的浪漫主義思潮而發。這種思潮雖然沒有放縱自己於物質欲望，但卻訴諸個人的感情作真理準則，結果同樣流於主觀的。

> 在作為希臘法則之優美世界裡，那裡有著「精神」跟實在性【Realität】、祖國、家庭等等綑綁在一起的具體「統一性」，在這種統一性裡，「精神」本身內裡仍未掌握到任何固定的立場，而思想【本來】就是要自行越過統一性，【如今】卻仍以喜好來作其抉擇取捨。(S269.3, W328)

Sibree 在這後面加入一小段補充，大意謂優美世界引領希臘走向跟道德相合的道路，但思想上仍未清晰地掌握到抽象的道德法則。

按照黑格爾一貫的思路，他在這裡無非想說「希臘精神」是直接形成的，那是未經化分的具體「統一性」，那並非希臘人在思想上的產物，因此沒有固定的立場，到得個體懂得獨立思考時，卻不幸地走上以個人喜好作準則之道路。

> 但 Anaxagoras 早已懂得思想本身就是世界之絕對本質。後來在蘇格拉底那裡，（時維伯羅奔尼撒戰爭之始），那內在世界之法則、那思想在自己內裡之絕對獨立性才得以成為自由的宣言；他教導人們要在自己內裡去尋找和識認甚麼是正確和良善，這些正確和良善之本性是按照普遍的【法則】而成立者。(S269.4, *W328-329*)

Anaxagoras 是黑格爾最欣賞的古代希臘哲學家，因為他最先提出「心智」(nous) 的觀念，並以此去說明萬物之存在，可算是講「精神哲學」之鼻祖；至於蘇格拉底則把這種心智引向認知、分解、辯論的路向。

蘇格拉底以道德老師而知名，但更確切地說，他是「道德」之發明者——希臘人已在過著【具體的】倫理生活，但蘇格拉底還是著意要教導他們道德品行、義務等。有道德的人並不僅僅限於希冀和實行正義，也不是無知識的人，而是對其行為有著【清楚的】意識。(S269.5, *W329*)

蘇格拉底在跟人家對話時，往往逼令對方對「道德」作本質性的界定，這就把「道德」由具體的實踐層次轉向抽象的理論層次，由倫理生活轉向道德哲學，而他本人又沒有明確的答案，結果是瓦解了希臘人對傳統倫理生活的信賴，卻又不知道新的方向何在，陷於極度迷失。「重智精神」即有此弊端，故須慎用之。

由於蘇格拉底規定人們行事要聽憑識見、確信，他就把「主體」置於跟祖國、風俗對抗的地步，以至自己也成為了希臘意義下的神諭——他說，在自己內裡有一把聲音引導他該做些甚麼、啟發他該做些甚麼才會對他的朋友有益。

「主體性」藉著擴充內在世界而跟「現實世界」決裂，雖然蘇格拉底本人仍然履行作為市民之責任，但他已不再著意這個現存的國家及其相關的宗教，而是以「思想世界」作為他真正的家園。(S269-270, *W329*)

　　蘇格拉底開出的主體分明就是「認知主體」，這種思維方式一定要把「客體」從自己抽離出去才可予以對象化，「主」「客」因此注定要破裂、對立。思辨哲學之目的就是要重新統一這種已經破裂的主客關係。

　　現在要提出的問題是到底有沒有神祇以及它們是甚麼。柏拉圖（蘇格拉底的學生）把荷馬和赫西俄德 (Hesiod) 驅逐出他那【思想的】國度，（他們二人是希臘人在宗教觀念方向上之締造者），因為他渴望一個更高的、經思想認可的觀念來作【我們】應當崇拜的神祇。目前許多市民放棄實際生活、國家事務，為的就是要在理想世界裡過活。(S270.1, *W329*)

　　柏拉圖的「神靈」已經變成一個抽象的形而上學概念，這跟奧林匹斯世界的諸神大相逕庭。

　　蘇格拉底之法則向雅典式的國家證明了自己是革命性的，因為這些國家獨特之處在於風俗【習慣】就是【其存在之】形式，那就是說，它內裡所涵藏著的乃為思想跟現實生活之不可分【*Untrennbarkeit*】。當蘇格拉底想帶引他的朋友們走向「反思」時，那對話永遠是否定的，換言之，他【只是】帶引他們意識到自己並不認識甚麼是正確的。(S270.2, *W329*)

　　蘇格拉底要求他那些慣於服從傳統風俗的朋友們直探道德之抽象本質，那當然令他們陷於迷惘，但蘇格拉底也不見得比他的對話朋友高明，他只是詰問對方而並非教導對方，因為他自己也沒有肯定的答案。

　　但正當他宣稱，由於他【身體力行】，那法則從現在起就一定會到臨，他卻被判了死刑。

　　對於雅典民眾要求處決其絕對的敵人而言，這判決正好涵著很高的合法性，但也涵著高度的悲劇性——雅典人一定明白當初他們所痛絕於蘇格拉底者，其實早在他們之間扎下了結實的基礎，他們正好同樣是共犯，或者正好同樣是無辜；在這情緒之下，他們譴責了控告蘇格拉底的人，並且【重新】宣佈他無罪。(S270.3, W329-330)

　　當時的陪審團共有 501 人，約 300 人認為被告的罪名成立，可見當時的雅典人仍未意識到自己也是破壞城邦倫理生活的共犯；大抵要到柏拉圖寫出對話錄《自辯篇》(Apology)，雅典人才普遍地明白到自己正處於歷史之轉折點，因此對蘇格拉底也隨之而改觀。

> 從現在起，那敗壞雅典式國家實體性狀況之較高法則就在雅典日甚於一日不斷地發展起來：「精神」已養成由「反思」來贏取自我滿足之嗜好。(S270.4, W330)

隨著雅典哲學一門三傑的出現，雅典人的心靈也開始進入反思的世界去尋求滿足——蘇格拉底樂於跟人家對話，柏拉圖建立「理型說」，阿里士多德以「四因說」修正老師的見解；理論雖然空洞，卻讓哲學家的思路縱橫騁馳，自由地建構系統。

> 就算在敗壞中，雅典精神也顯得華麗，因為它顯露出自己是自由的，開放的，在其純粹特質裡、在外形上，它把自己的階段性特徵按其本來面貌繪畫出來；身陷悲劇之中而又和藹可親、活潑開朗，雅典人懷著勃勃的興致以及滿不在乎的心情去陪伴他們的倫理生活走進墳墓。
>
> 我們從中認識到新文化較高一層的品味——民眾會拿自己的蠢事來尋開心，並在 Aristophanes 的喜劇裡找到最大的樂趣，而正好在其內容上有著最尖刻嘲弄的同時，它也在自己身上留下盡情發洩的印記。(S270-271, W330)

一般以為希臘喜劇的品味較悲劇為低，原來前者是希臘

人自我嘲弄之發洩途徑，它以喜劇的形式去嘲弄希臘文化最大的悲劇到臨——優美的倫理生活就要結束在眼前。

> 同樣的敗壞也出現在斯巴達，那是由於「主體」要自行為己而去對抗公共的倫理的生活所致，但它僅僅向我們展示出特殊「主體性」那孤離的一面、展示出如斯的敗壞——赤裸裸的不道德、卑劣的自私自利、貪得無厭、貪污腐化，所有這些情欲莫不在斯巴達出現，尤其是那些身為將軍的人士，他們大多【派駐外地而】遠離祖國，以至有機可乘，他們既向自己的國家收取軍費，也巧妙地向受助國伸手而得到好處。(S271.1, W330)

在雅典冒出的主體性是「認知主體」，它倚重分解的「知性」去問詢每件事情背後的根據，雖然瓦解了倫理生活的原始和諧，卻逼著歐洲心靈去努力克服當中的主客分裂；在斯巴達冒出的主體性卻是「自私主體」，那只是不願服從法律、道德規範的那麼一種意識，當中只有破壞作用而並無辯證的歷史伏筆。

【5】馬其頓帝國

在雅典遭逢不幸之後就輪到斯巴達執掌霸權，但正如前述，他們以一種如此自私的方式來濫用權力，乃招至各方的痛恨；Thebes 不能長期擔當折服斯巴達之角色，最終【更因為】跟 Phocians 開戰而弄得自己精疲力竭。

斯巴達人跟 Phocians 俱被【Thebes】懲處可觀的罰金，前者因為突然入侵 Thebes 之城堡，後者則因侵耕了在 Delphi 一塊屬於阿波羅的神田，但兩國拒不繳付，因為那個 Amphictyonic 議會的威望剛巧不比昔日的德意志國會為高，那些德意志侯王只會按照自己的意志來服從。(S271.2, W331)

Thebes 其實並無實力稱霸，向鄰國懲處罰金更是妄想；至於 Phocians 侵耕阿波羅的神田在先，破壞阿波羅的神殿在後，那簡直是對舊世界作出最致命的一擊。

現在變成 Phocians 要由 Thebes 來懲處，但是，憑著一宗荒誕的暴力事件，那就是到 Delphi 去褻瀆及洗劫神殿，Phocians 崛起成為一支短暫的勢力。

此舉完成了希臘全境之覆滅——聖地既被褻瀆，神祇也可說是被殺死了，「統一」之最後支撐點也由此而被剷除，敬畏神祇彷彿在希臘境內【成為】最後的意願，而那君主法則乃被廢除於眼前、被羞辱以至於被踩在腳下。(S271.3, *W331*)

在 Delphi 的阿波羅神殿是希臘統一之象徵，其「神示所」乃開放給所有希臘人來問卜，在伯羅奔尼撒內戰之前無人會攻佔此地，Thebes 本來有責任保護此地之中立，如今 Phocians 為了對付 Thebes 而索性一不做二不休，似乎神靈也不能自保了，希臘文化的統一當然也不能幸免。

由於 Phocians 掠奪了阿波羅神殿裡的大量財富，其招募回來的僱傭兵實力強橫，在 BC 355 年打敗 Thebes 之餘，還有能力向北侵佔 Thessaly，結果反而讓馬其頓的菲力普二世有藉口南犯希臘諸國。

> 現在更進一步的行程就十分簡單了，那就是要由另外一
> 個更決斷的意志、一個在現實上強大無比的王權來取代
> 已失勢的神諭位置，外來的馬其頓國王菲力普 (Philip) 乃
> 出頭去聲討那些冒犯神諭的人，現在他填補了位置，令
> 自己成為希臘全境的主人；菲力普征服了古希臘諸國，
> 並要它們意識到獨立已成過去，而它們再也不能夠自把
> 自為了。(S271-272, *W331*)

馬其頓人的祖先是 Dorian，當初沒有隨眾繼續南下而留
在海琴海的西北區發展；由於地域遠離諸國，語言口音日久
便有些差別，乃被希臘人歸為野蠻人之列。野蠻人者，不懂
說希臘語之異族也，馬其頓乃被邊緣化。

既然處身於歷史之邊緣，自然沒有重大角色可言，乃得
以養精蓄銳，靜待歷史時機的呼喚。BC 367 年，菲力普二世
奪取了王位之後，勵精圖治，他首先整合南北兩地分治之局
面，強化王權，然後大肆擴充軍隊，創立馳名於世的馬其頓
方陣，（比 Thebes 的楔型方陣更具威力），外交上大灑銀彈，
形勢不利時便不惜錢財去爭取和議，到得形勢有利時便撕毀
和約，既強悍，又奸狡，馬其頓已不可同日而語，真正的霸

權已告誕生——BC 337 年召開科林斯會議，菲力普二世君臨
天下，希臘諸國俯首稱臣，全部要聽命於馬其頓的差遣，為
進攻波斯帝國作出貢獻與支援。

> 小家子、硬繃繃、暴力傾向、政治詐騙，這些經常用於
> 菲力普的惡毒指責沒有延伸到亞歷山大這位青年人身
> 上，他身居希臘人領袖之位置，這些指責對他並無必要，
> 他沒有犯上同類的過失，也不用費神去建立一支軍隊，
> 他眼前就有現成的，就好像只要他跨上名駒 Bacephalus
> 的背上，執住韁繩就可隨意而行，他發現那支馬其頓方
> 陣隊伍早已為他準備就緒，那是一支陣形堅實、秩序井
> 然的鋼鐵隊伍，其威力早已見諸菲力普麾下，那是他仿
> 照 Epaminondas 而建立的。**(S272.1, *W331-332*)**

西方人對亞歷山大這位青年領袖錯愛有加，但對菲力普
二世被刺殺之事縱使不諱莫如深，也是盡量避重就輕。

菲力普在年青時曾以人質身份居於 Thebes，在當地學習
到方陣的組織和訓練方法，回國後更把每一列的人數增加至
40 人，並加以充足的訓練，在戰場上成為一支巨型而靈活的
衝鋒隊伍，所向披靡。

> 亞歷山大受教於阿里士多德這位最精深又最博學的古代
> 思想家,這番教育配得上受教的這號人物,亞歷山大被
> 引導進入最深奧的形而上學,賴此去充份洗滌他的本性,
> 讓他得以從意見、武斷、空想這類常見的束縛裡解放出
> 來,阿里士多德不加拘束地讓他保留這份偉大的本性,
> 但卻鑲以「甚麼是真理」之深邃意識,以培育那天才橫
> 溢的「精神」成為一號有應變能力的人物,好像一個天
> 體自由地盤旋於其蒼穹裡一樣。(S272.2, W332)

亞歷山大的本性就是要盡情地展現其英雄氣慨,阿里士
多德鑲以真理的意識,這讓他不單止把自己當作 Achilles 的
化身,而且也是真理的化身,這讓他信心無比,豪情無盡,
以至不識人間世道之局限。

> 完成教育之後,亞歷山大乃晉身成為古希臘人之領袖,他
> 統率希臘全境撲向亞細亞,一個二十歲的青年人要指揮一
> 支能征慣戰的隊伍,屬下將領俱為沙場老手以及熟悉兵法
> 的人物;亞歷山大之目的乃要為希臘全境復仇,要報復經
> 年以來因亞細亞蒙受的一切損失,並讓東西方之間長久的
> 不和及鬥爭來個終極了結。(S272.3, W332)

波斯帝國跟希臘諸國之摩擦固之然可以歸諸於雙方的報
復心理,但也未嘗不是東方法則跟西方法則碰撞之結果。

> 當他把希臘境內吃過的苦頭在這次鬥爭裡回敬東方世界時，他同時回報了【希臘】文化在源起上所受惠過的好意，他把【希臘】文化成熟及高貴之處散播到東方，彷彿讓他把那被征服的亞細亞蓋上領地之印記。(S272.4, W332-333)

這就是歷史上所說的「希臘化」(Hellenisation)，主要是亞歷山大想把古希臘的文化散播到亞細亞，除了大力鼓勵部下跟當地女子通婚外，他每佔領一個地方便在當地興建一座希臘式的城市，既是行政中心，也是文化交流的重鎮，最著名的當然是位於埃及尼羅河出口的亞歷山大城。至於這能否算作對東方文化的回報，這就難作評論。

> 這番功業之偉大和旨趣跟他的才華、跟他那獨特的青年「個體性」匹配，我們不會再在一個相同的歷史任務裡看到領導者身上這種美態，因為他並非單獨是指揮才華、過人膽識和無比勇氣集於一身，而是藉著優美的「人性」和「個體性」去提昇了所有的這些品質。(S272-273, W333)

劉劭的人物誌有云：「聰明秀出謂之英，膽力過人謂之雄」。觀乎亞歷山大之功業和風姿，他身上不止有「英」與「雄」之氣質，而且的確還有幾分嫵媚的美態，最低限度是英雄之中庸俗氣最少的一位。

　　牟宗三先生當年有篇小文章叫「水滸世界」（生命的學問），當中講魯智深這號漢子純直無曲、當下即是、嫵媚動人，境界顯然比英雄來得灑脫；亞歷山大即近乎漢子之列。不過一個是虛構的小說人物，另一個是真實的歷史人物，一個只出現於水滸世界，另一個則站於世界大舞台之上，掀動歷史的扉頁。

　　即使其將領俱聽命於他，然而他們曾經身為其父之舊部，這令到他的處境困難起來，因為【對比之下】，他的偉大以及他的年青令他們感到難堪，令他們覺得自己過往的功業已被一筆勾消；比如在 Clitus 事件中，當他的妒火升溫至盲目的盛怒時，亞歷山大也同樣變得更加火爆堅持。(S273.1, *W333*)

　　Clitus 並非其父之舊部，而是跟他同齡的兒時玩伴。事緣在一次飲宴中，亞歷山大容許波斯歌手公然嘲弄其父親的舊部，Clitus 看不過眼而出言頂撞，亞歷山大在盛怒中以長矛擲向這位曾在戰場上救過他一命的親密伙伴，結果血濺當場，事後亞歷山大懊悔不已，幾天不肯進食。

純直無曲，乃難見容於俗世。亞歷山大不乏勇氣和英明，但就是不懂人情世故，也沒有為自己身後作過多的打算，結果其偉大的功業也如曇花一現，盛放一刻而迅速凋謝。

亞歷山大亞洲之旅同時也是一個發現之旅，因為他最先向歐洲人展現出東方世界，而他推進到大夏【Bactria】、粟特【Sogdiana】、北印度的地域，那是歐洲人很不容易涉足的地帶。(S273.2, W333)

沒有人會為打通地理上的關卡阻隔去而開戰，但戰爭又的確會有助地理關卡之打通，此因「情欲」乃世界歷史之「緯」，世界歷史之動力乃出於戰爭，除了攻城掠地之傳統戰爭之外，今天還有貿易戰爭、貨幣戰爭、太空戰爭、電子戰爭……。戰爭者，爭奪最大利益之碰撞行為也，有此力量推動，世界歷史焉能不變！

亞歷山大為了想看看世界的盡頭，結果找到了通往印度之 Khyber Pass，為西方人找到通往東方世界之絕對天險。

從征途上的行軍方式，更不要說在戰役部署上的軍事才華，以至一般性的戰術運用，他永遠都是一個令人欽佩的對象——在戰役裡他是偉大的統帥，在行軍調度上他顯得足智多謀，在萬馬麕集的沙場上他是最勇敢的戰士。

在其生命的第三十三個年頭裡，亞歷山大死於巴比倫。這讓我們看到其偉大之處的又一幕壯美奇觀，而且證明了他和軍隊的關係，因為在告別大軍時，他是懷帶著對其尊嚴之全幅意識而去。(S273.3, W333)

在他死前兩天，他的部下見他已挺不下去，有人自發列隊走過他的病榻，結果全軍不分上下都走來向他致敬，大家不發一言，沒有悲傷，沒有慰問，只是默默走過。這不是儀式，卻是真正的告別，一切盡在不言中。

亞歷山大有幸死得其時，人們固然可以說那是一種幸運，但更確切地說，那是一種必要——為了要以【完美】青年【Jüngling】的姿態流傳後世，他必須讓一個早到的死亡來喚走他的一生。於是，正如早前講過，阿基里斯開始了希臘世界，亞歷山大結束之，而這些【完美】青年不單止為自己本身留下最優美的觀感，而且也為同一個時代交付出一幅有關希臘本質最完美、最成熟的圖像。

亞歷山大完成了他的功業，並封存好其形象，他也為世界留下一個最偉大、最優美的觀感，【然而】，我們只會藉著我們那糟糕透頂的「反思」而令他模糊失真。**(S273.4, W333-334)**

完美的事物本來只合欣賞而不宜分析，但眼前這位亞歷山大卻是個世界歷史性的人物，他無情地衝擊亞洲去完成其偉大的事業，在亞洲人的角度而言，他又未必是個值得欣賞的對象。

如果人們要像史學家裡新一輩的凡夫俗子那樣用上現代的德行或道德標準去衡量的話，亞歷山大之偉大世界歷史形象當然不會合乎要求；如果人們指出他沒有任何繼承人、沒有留下任何皇朝來低貶他的功績，那麼他身後在亞洲留下的希臘王國正好就是他的皇朝，他花上兩年的光景在大夏作戰，由此而接觸到 Massagetae 及 Scythian，那個立足了二百多年的「希臘・大夏」王國便在那裡出現，希臘人由此而跟印度及中國本身有所聯繫。

希臘的統治乃自行延伸到北印度，而最早擺脫希臘統治的是一位號稱日護大王的 Sandrokottus，（又名 Chandraguptas)，雖然在印度人之間也流傳著同一個名字，但基於早前講過的理由，人們可當這是道聽途說。**(S273-274, W334)**

　　黑格爾這裡的辯解顯然有些牽強——亞歷山大的王朝分明在他死後便開始瓦解，因為他表現出來的是個人英雄主義，在這種格局之下，人亡政息，乃勢所必然。其遺憾也不在於有沒有繼承人，而是單憑一股強勁無比的情欲去展露其卓越的才華——征服世界；當中沒有理性、理念，也沒有法律和制度的配合支持，那是注定不能長存的，只像燎原野火，驀地燒天驀地空。希臘的城邦文化亦如是，優美而孟浪的青年期轉眼即逝。

　　其他的希臘王國乃崛起於小亞細亞、亞美尼亞、敍利亞以至於巴比倫地帶，但最特別的是埃及，在亞歷山大繼承者的統治之下，埃及成為了一個科學和藝術的偉大中心，因為有一大批托密勒時期的建築物被保存下來，人們從破解了的碑文而得知箇中情況；亞歷山大港成為了貿易的主要中心，東方風俗和傳統跟西方文化之結合。除此之外，馬其頓王國的分支也興旺起來——Thracian 越過了多瑙河，一支 Illyrian 的勢力和 Epirus 則落在希臘侯王的統治之下。(S274.1, *W334-335*)

　　亞歷山大身後的這些政治勢力最終乃被羅馬人所鯨吞。

亞歷山大同時極之愛好科學，他也被嘉許為繼 Pericles
之後另一位最慷慨的藝術贊助人。【*】Meier 在他的藝
術史裡說：亞歷山大得到世人永遠的懷念，他那明悉洞
察的藝術喜好並不亞於他的東征西討。**(S274.2, W335)**

在讚嘆和惋惜中，古希臘的文化和歷史乃告徐徐落幕，
它已成為過去，一去不復。世界歷史等待新的主角登台，準
備上演新的一幕。

---

* 德文全集的編者在此附加了一個註腳：這位 Meier 先生於 1824-1836 年間先後
出版了三冊關於希臘的藝術史。

第三篇

希臘精神之衰落

希臘世界第三個時期的歷史涉及希臘全境厄運之詳細發展，這只會引起我們些微的關注。亞歷山大從前的將軍們如今俱以國王身份而獨立登場，他們彼此之間展開漫長的戰事，差不多所有人都受命運的折騰播弄，事後看來，這些人當中以 Demetrius Poliorcetes 的一生最為傑出和顯著。**(S275.1, *W335*)**

沒有亞歷山大作主，他的舊部顯得一無是處，結果陷入混戰，消耗彼此的元氣和兵力。

在希臘境內，各國得以保存現狀：菲力普和亞歷山大令他們意識到自己的虛弱，他們仍然勉強維持一種表面風光的生活，並且以一種不真實的自主性而自鳴得意，他們不可能具備由獨立性所提供的自尊，而要由外交式的政治家出來領導國家，他們是演說家，他們不再同時是將軍，例如像 Pericles 那樣。**(S275.2, *W335*)**

希臘諸國如今已失去昔日的衝勁和活力，他們已不再處於世界歷史之青年期，他們已經精疲力竭，無法進入更具挑戰性的成年期。

> 從現在開始，希臘地區跟不同類型的國王有著一種錯綜複雜的關係，他們不斷想奪取希臘諸國之主權，部份國王出於他們的偏好，（尤其對雅典的偏好），因為縱然不再是個強國，雅典給人的印象仍然永遠是較高級藝術和科學之中心（尤其是哲學和雄辯術），它把持得住而讓自己遠離於放縱、粗鄙和情欲，其他國家則彌漫著這些風氣而備受蔑視，而敘利亞和埃及的國王把贈送雅典大批糧食和有用物資之舉視作榮幸。(S275.3, *W335-336*)

所謂爛船還有三分釘，雅典剩下來的只有文化實力，而且後來還成為了西方文化之源頭。

> 對於部份國王來說，他們是出於自己所需之聲望而讓希臘的城市和國家保持獨立——解放希臘全境彷彿變成了普遍的流行口號，而得以被叫作希臘全境之解放者就成為一個聲望崇高的稱號。人們要是檢驗一下這個名號內裡的政治含義，那分明就是不讓任何一個希臘國家在本土有著實質的統治，並且藉著分隔和分化的手段來令他們全部陷於無能。(S275-276, *W336*)

希臘諸國之獨立問題竟然淪為他人之政治籌碼，其勢之弱，其情之慘，可見一斑。

希臘諸國憑著個殊的獨特性而各自有所區別，情況好比那些優美的諸神，祂們每位俱各有著自己個殊的品性和個殊的存有【Dasein】，儘管如此，這些個殊性不會對共同的神祇世界構成任何損害；【但是】，現在這個神祇世界已變得軟弱無力，並且消失於諸國，於是多出來的不過就是那枯燥乏味的個殊性、那卑鄙下流的個殊性，它們各自頑強地而又頑固地堅持己見，並正好借此徹底地陷入倚賴性當中而要跟他人發生衝突。(S276.1, W336)

本來，希臘諸國跟希臘神祇一樣，成員除了各有鮮明的「個殊性」之外，當中還有著「共同性」以維繫整體的團結性，可是來到青年期的尾聲，「共同性」消失了，只餘下「個殊性」，衝突自然難免。

然而，軟弱無力和垂頭喪氣的感受也會促成零丁的結合——作為一個以劫掠為生的民族，Aetolians 及其盟友竟把對付別國的不義、暴力、欺詐和傲慢列為自己的國法；斯巴達變成了由不光彩的僭主和惡意的情欲來統治，而到頭來又要仰仗於馬其頓的國王；自從 Theban 的光彩消失後，Boeotian 的主體性便趨於懶散，並且沉淪於庸俗的僻好和粗野的肉欲；至於那個 Achaean 同盟則藉著驅逐僭主之結盟目的、藉著正義和集體情操而勝人一籌，但它仍須乞靈於錯綜複雜的政治手段。

整體而言，我們這裡看到的是一個縱橫捭闔的外交局面、一場牽連著各式各樣外國利益的無盡糾纏、一幕造作的謊言和鬧劇，當中交織著的經線永遠會有新花樣。(S276.2, W336-337)

末世風情，不忍卒睹。

各國的內部情況由於自私自利和縱情享樂而弄得荏弱不振、黨派林立，每個黨派再次掉過頭來向外招手，它們以出賣祖國來乞憐於外面的國王。值得關心的不再是這些國家之命運，而是那些偉大的個人，他們在一遍頹風之中站穩陣腳，並且無私地奉獻祖國，他們現身成為偉大的悲劇人格——以他們的才華和最集中的努力還是不能徹底消除罪惡，尋且在奮鬥中捐軀，他們沒有做得成令人滿意的事情，（為祖國恢復太平、秩序、自由），也沒有得到後世無玷的懷念。(S276.3, W337)

頹勢既成，個人的努力只顯得徒然。

Livy 在他的序言裡說：『在我們的時代，吾人既不能容忍我們的過失，也不能接受對治的手段。』但這正好同樣可以轉用於這些末世的希臘人，他們以一個同樣可敬和高貴的任務開始，自己本身卻要承受失敗之理所當然——Agis 和 Cleomenes、Aratus 和 Philopoemen 都是如此賣力為其國民爭取最佳出路而告失敗收場。

Plutarch 給我們構思出這個時代一幅最獨特的寫照，在這裡他提供了一個關乎個人【在歷史裡的】意義之想法。(S276-277, W337)

對於想力挽狂瀾於既倒之個人來說，其志可嘉，其情可悲，但其對歷史之認識則算不上深刻。

但希臘歷史的第三個時期包括了要接觸那個將要繼希臘而起的世界歷史性民族，而這次接觸的主要藉口一如以前的「解放希臘全境」。在 BC 166 年，最後的馬其頓國王 Perseus 被羅馬人擊敗並在凱旋中俘虜到羅馬去，隨後 Achaean 同盟受到攻擊而瓦解，而最終科林斯在 BC 146 年也被殲滅了。(S227.1, W337-338)

在 BC 197 年，馬其頓人跟迦太基結盟，想挑戰那如日中天的羅馬勢力，羅馬人擊潰馬其頓之後，乃順勢收拾整個希臘地區，最終把它歸入羅馬轄下的一個行省，此即馬其頓行省是也。

若果人們放眼希臘境內，情況就像 Polybius 所敘述一樣，人們看到一個高貴的個體性如何只會絕望於這個局面而要退歸哲學，或者要有所作為而非死不可。**(S227.2, W338)**

Polybius 是希臘最後的一位史學家，因為 Achaean 同盟戰敗而被俘虜到羅馬去。

這些情欲之特殊性，這些【時代】破裂、善與惡俱要面臨打擊，要面對一個見不到的命運，要面對一支鋼鐵力量，要讓它來揭穿因自己無能而招致的可恥局面，並讓它把這個可憐局面粉碎，因為治療、修補和安慰是行不通的，但羅馬人就是這個粉碎性的命運。**(S227.3, W338)**

回顧歷史之轉折每易令人神傷，正所謂舊人憔悴新人笑；

不過，既然優美的希臘時代已經落幕，那就要適時告別，轉過頭來看看這支鋼鐵力量如何在新時代叱吒風雲。

2015 年 12 月 16 日

脫稿

古希臘地圖

THE ANCIENT AEGEAN

THRACE

Sea of Marmara

Pellas

Mt Olympus▲

Bosphorus

Troy

Lesbos

Pergamon

Aegean Sea

ASIA MINOR

Thermopylae

Euboea

Delphi

Chalcis

Chios

Sardis

Gulf of Corinth

Thebes

LYDIA

ATTICA

Marathon

Corinth

Athens

Ephesus

Mycenae

Salamis

Samos

Olympia

Aegina

Laurion

Argos

Epidaurus

Delos

IONIA

PELOPONNESE

Cyclades

Halicarnassus

Sparta

Rhodes

Thera

Rhodes

Sea of Crete

Karpathos

Knossos

Crete

附錄：希臘隨筆

作者小誌

　　一九八零年到歐洲旅行，來到希臘，沒有造訪那位居南方的奧林匹亞競技場 (Olympia)，卻登上了遠在北方的奧林匹斯山 (Mt. Olympus)，後者是希臘眾神的居所，在訪客留言簿上用中文寫下一段已忘記了內容的感言，回來後才補寫成這一篇隨筆；當時未讀黑格爾，如今回顧昔日這段心路歷程，則日後接上黑格爾的思路看來又是順理成章的。

二零一五年

（一）

　　由義大利南端之布林的西港 (Brindisi) 出發，航行了近三十個小時還未到達希臘本土，極目四望，但見蔚藍色的天空清澈得很，而海水則跟天空同樣地澄澈碧藍，不禁想到那些公元前六世紀的「先蘇格拉底哲學家」(Presocratics)，他們不也是經常在這一帶水域往來，穿梭於昔日希臘的許多殖民地！特別是巴門尼德 (Parmenides) 及畢特哥拉斯 (Pythagoras) 兩位，他們就經常由愛琴海東岸的古代港口，

遠航至義大利南端的哲學重鎮西西里島，去講學交流。

啊！希臘哲學就是發源於這不染一塵而又一色海天的地中海水域！這才是古希臘哲學之真正發源地，到得後來各方辯士 (Sophists) 雲集於富甲一方的雅典城，希臘哲學已經蛻變到另一個階段，那就是尼采所感到疾首痛心的蘇格拉底時代，尼采力斥蘇格拉底把哲學推向理性化，謂他使哲學趨於墮落，而尼采這番見解乃源於他對這些年代古遠的地中海哲學家有着無比的嚮往，雖然他們沒有完整的著作，只餘下若干斷簡殘篇，尼采卻能夠從中窺探到他們的原創性。

尼采力讚這些古代哲學家明白到「萬物一體」的道理，他們了解天地萬物本為一個整體而無絲毫的對立，那是希臘哲學真諦之所在，乃極為難能可貴之體會，如用中國的說法，那就是「道在其中矣！」尼采之所以要痛斥蘇格拉底，主要是蘇格拉底那種問辯分解的要求，尼采認為由蘇格拉底開出來的那種辯詰的哲學作風，把那些極具原創性的古代思想鑿得破碎支離，令這些原始的、和諧的哲學思想崩分離析，裂成破片無數，全無深度可言。

　　兩年前撰寫有關巴門尼德的論文時，對尼采的看法頗有同感，當時並透過海德格的語源學，看到巴門尼德講「存有」這個觀念時，確有「萬物一體」的含義，而且這種想法看來是共通於所有的先蘇格拉底哲學家，並不以巴門尼德為限，那是希臘遠古思想的原始特色。

　　那時無疑是有一點點的體悟，可還是不太具體。如今自己身處地中海上，面對碧波萬頃，目睹水天相接，不禁頓悟何以故西方哲學之父泰利斯 (Thales) 會講出「水」為萬物始基的說話。他們古人的思想雖然粗糙原始，但總不會愚蠢到以為萬物是由水所生，顯然他們並非去尋求因果解釋，他們還未曾有鮮明之邏輯推理，因果想法的意識還未見明朗，他們這些古哲留在殘篇上的說話，乃是他們對大自然之謳歌詠嘆，是他們心不容已的感受，是他們回應大自然呼喚所吐露出來的心聲，這只有親自置身於大自然才能有所體會，而蘇格拉底終日流離於雅典城的街頭市集，只顧整天跟人辯論對話以至於通宵達旦，他看來的確缺少了一番對大自然之體會。

　　古人面對太古洪荒，常年見着天蒼蒼野茫茫的景象，當他們靈光閃動之際，要引發哲學思維之時，在前不見古人而

又後不見來者的心境下，他們的說話自有一種莽蒼的氣象，因為他們自己就是古人，還可以到哪裡去找個古人來作借鏡！尼采批評蘇格拉底以後的哲學家沒有原創性。就因為他們只知把古人的學說來個七拼八湊，毫無自己的真切感受，也就全無洞見可言，這跟古哲整全無瑕的思想簡直不可同日而語！

也虧得像尼采這個幾乎不食人間煙火的世外高人，以其極度孤寂悲愴之靈魂，才可遙遙呼應古哲之莽蒼精神，明白古人之用心所在，知道他們在斷簡殘篇所留下的真正信息，其原意並非去解釋這個世界，而是要表達自己的感受。

尼采了解到古代哲學家既有藝術家之豐富創造力，亦有宗教家的深切同情，同時更有科學家之冷靜頭腦，可是他們這些古代哲人並沒有以一家之見自囿眼界、自限領域，他們古人根本不曾會得劃分學術部門，更不會求精求專而至於把學問領域弄得支離破碎。他們古人是整全地看這個世界，整全地把自己融匯於宇宙天地全體，他們從來沒有想過要用因果關係來解釋這個世界的成因，他們自然更不會意識到日後蘇格拉底那種層層逼問的思路會導致和諧關係的破裂；不管

怎樣，他們希臘古哲只是要把自己投向大自然，窺探大自然的深處密處幾處，使自己充盈一若宇宙，體萬物而融進萬物，然後發為聲音、引為文字、鑿成思想，留下點古代足音和信息而已。

這種種的想法和體會，只有置身於大自然才能豁然貫通，就像眼前的景色，一片茫茫，極目之處，盡是水連天，天連水，而又波平如鏡，沒有大海洋之洶湧波濤，長年置身此中境地，能不生出「萬物一體」之想法則鮮矣！怪不得那居於愛琴海東岸的泰利斯要高唱水之讚歌，他說水是萬物的「始基」(arche)，這個「始基」並非如後來亞里士多德那樣解作「第一因」，因為那本來不是個純粹的因果觀念，按海德格語源學之研究，「始基」這個希臘古字的含義乃為取之不竭用之不盡，最貼切的比喻就是水塘，而最佳的體會就莫過於親自泛舟海上，放乎中流，面對四周茫茫的海水，自然會明白何故泰利斯要譜出如此的頌歌。

眾位先蘇格拉底哲學家的見解雖各不同，用語上也有分別，但他們俱有着一個相同的特色，他們並非以自然界之

事物去解釋其他大自然之事物，他們既沒有尋求因果解釋的動機，更未曾具備此種邏輯思辯之能力，他們只是各以自家的方式去讚頌大自然之萬事萬物俱為一個整體，彼此沒有分割，而講得較為清晰明白的則要數巴門尼德所提出的「存有」(Being) 概念，由希臘原文中，吾人可以清楚看到他要表達事物的存在時，他是有意識地把兩個有關連但意思有別的字眼分開，一個就是叫「存有」，乃單數，英文譯作 Being，而且必須大寫以示其為獨一無二，另一個稱「存在物」的字眼則為眾數，英文譯作 beings，不須大寫以示其為眾多而平常，但巴門尼德並沒有像後來亞里士多德的形上學那樣去把二者對立起來，在巴門尼德來說，「存有」與「存在物」固然有分別，但二者並非對立，而是「存有」包含了「存在物」，也就是說，「存有」(Being) 乃萬物全體之總稱，它本身即是萬物，不過若要個別稱呼某些具體的事物時，就不能用「存有」這個總稱，而必須使用「存在物」(beings) 這個細寫而又為眾數的字眼，因此「存有」與「存在物」並非兩個不同的事物，那只是語法上總稱跟散稱的分別，原來都是萬物自己，更沒有形而上及形而下之分別，因為巴門尼德本來沒有建立形而上學的動機，最低限度不是柏拉圖及阿里士多德所

理解的形而上學動機。

　　然而，「存有」這個觀念來到亞里士多德的時代，其含義已變成了沒有經驗事物作為內容的第一因，亞里士多德把「存有」(Being) 理解為一個純粹的形式因，造成形而上及形而下之兩層對立，由於形而下之經驗事物有生有滅而為變幻不定，故此不能作為萬物的實相，要尋求世間的真實，只有訴諸那個獨一無二而又超乎經驗世界的形式，那個抽象空無內容的「存有」才是形而上的永恆，由此導致「一多」問題之對立，形成困惑，令嗣後的西方哲學家要窮畢生精力去圖個圓滿的解釋，或贊成或反對，總之令西方日後的哲學家要相互競逐於一個形而上學大流，為建立一個圓滿自足的理論體系而去在概念世界中奮鬥，令西方哲學只能深藏學院黌宇，只為少數人所理解，成為個複雜而抽象的概念智性遊戲，更嚴重者，乃令西方的哲學與其文化嚴重脫節，西方的學院哲學並未曾成為指導現實政治、人生、社會之思潮，反而由宗教及文學來喧賓奪主，令西方文化出現了嚴重的癥結，這個對「存有」觀念的誤解誤用，其影響之嚴重性不可謂不大矣！

　　昔日尼采以為這是個歷史的誤會，即是說「存有」之古義及希臘古哲的思想被柏拉圖及阿里士多德們所曲解而誤會，令西方哲學走上墮落之路。但這是否完全一為一個歷史的誤會？為甚麼會出現這麼嚴重的誤會？尼采在這裡卻講不出個所以然來，海德格則看得清楚一點，他了解到希臘古哲所講的「存有」或類似的概念，其原初含義固然並非為抽象的第一因，其動機也沒有像蘇格拉底那樣強烈鮮明的論辯傾向，但海德格看到這些希臘古哲所建立的思想，實在已蘊藏住日後西方哲學趨於墮落的種子！這個說法確實有道理，而且特別可在巴門尼德身上看得到。當巴門尼德說「存有」為萬物之總稱時，他固然沒有把那視為抽象的第一因，也並沒有以「存有」來解釋「存在物」之想法，但他可並非完全沒有論辯的傾向，在眾位先蘇格拉底哲學家中，巴門尼德之論辯傾向是至為鮮明的，雖然他的時代還未有邏輯思想，荷馬史詩的神話氛圍仍然濃厚，可是他卻要力圖說明「萬物一體」這個觀念，由此而斧鑿出原始的推理思維，埋下了日後蘇格拉底大事雄辯的種子，而嗣後之西方哲學步步走上重智重分解重思辯的道路，看來也是順理成章的，而蘇格拉底並不須要負上全部的責任，他所繼承的希臘傳統本身就潛存着這麼一種傾向，他只

是因應時勢，在適當的環境中讓這「重智」的種子抽枝發芽而已，看來尼采對蘇格拉底的判語是言重一點了！

但不管孰是孰非，總之，這一切一切，這個西方哲學的奠基過程，都發生在這個茫茫的地中海上；就是在這汪洋一片中，孕育出了西方哲學傾向抽象辯論的種子，中國人說「仁者樂山，智者樂水」，此話不無道理。

由義大利往希臘途中
九月二十日

（二）

巴特農神殿的確宏偉，雖然只餘下頹垣敗瓦，最精美的屋頂浮雕也被英國人整塊整塊的運走，藏於大英博物館，但仍不減其氣魄之雄渾，看那些粗粗的圓柱，一截一截由晶瑩碧透的白色大理石扣疊而成，排列疏落有致，與殿頂上的橫樑及地面上的台階配合，搭結得均勻厚重，堂奧充實，宏壯而和諧，的確古味盎然；相形之下，在義大利各地看到許多的羅馬神殿，外形結構雖與希臘人的相差無幾，視覺效果則相差遠矣！他們羅馬人所築的神殿，殿柱直徑看來少了一點，柱高則長了許多，結合起來，整座建築物顯得瘦瘦削削的，單薄得很，跟眼前這座巴特農神殿簡直不能比擬。雖說羅馬

人當年是全盤承受了希臘人的文化，但在氣質上總有些差別，這在他們建築物上厚薄比例即可見端倪：希臘建築均勻厚實，羅馬建築削薄不穩，二者之民族精神相信亦有此差別！

看不了一會，在餘暉夕照之下，那些石柱呈現金黃色，璀璨奪目，看來當年的雅典人的確費盡心思，不惜人力物力，務求建造一座最美侖美煥的華麗殿堂來供奉他們城邦的守護神——雅典娜 (Athena)，在博物館看到這位雅典娜女神的雕像有許多不同的姿態，有作少女打扮者則顯得婀娜多姿，有全副武裝者則英姿爽颯，因為她本為戰神，跟海神苦戰一番才成為雅典城之守護神，雅典城實則是以她而命名的，據悉在巴特農神殿向海一面的小山崗，原先有個巨大的銅像樹立其上，讓雅典人遠航歸來的船隊一進港灣即見到他們的守護神歡迎他們凱旋回來，只惜雕像已毀，緣慳一面。

再轉眼已是薄暮黃昏，遊人漸稀，我猶漫步廢墟，俯仰神遊，雖然仍在磋哦不去，終於還是在哨子聲中被送出山門之外，拾級而下，仍不住回頭上望，確有點留連忘返，遊興既然未盡，索性順步走上對面一個小丘，駐足回望這個偉大

的建築物，直至夜幕低垂，神殿的輪廓已趨模糊，看無可看，正想舉步離去，可猛然眼前大亮，令人驚訝不已，原來工作人員把強烈的射燈開亮，把整座巴特農神殿照得金碧輝煌，比起在夕陽下更為明亮奪目，那些石料看來有特殊之反光效果，真不知道當年雅典人從何處採來如此神奇的石方！

　　面對這個叫 Acropolis 的衛城山崗，那是昔日雅典城的宗教、政治、文化中心，在二千多年殘缺之後仍不減其豪華氣派，則當年未受破壞前之華麗乃可想而知。在大英博物館所藏的浮雕，乃刻述他們雅典人每年在「泛雅典」節日裡供奉女神的盛況，全城的男女公民魚貫步上巴特農神殿，大家都攜着最厚重的獻禮去送給雅典娜，以感謝其守護之功，那種奢靡的情形，多少反映出雅典人已為富裕之物質所腐壞，道德已趨於淪亡，怪不得當年蘇格拉底不惜冒犯權貴，雖受諸方威脅警告，還是要四出在街頭市集找人辯論，要逼使他們反省「善」之為物，他是想力挽狂瀾於既倒，因為他明白到雅典人已因富生驕，並且危害到古代城邦之制度及精神，若不再作最後努力，那將令雅典城陷落，他要盡一己之努力去阻止悲劇的發生，具有如此道德勇氣也算得是個時代英

豪,特別是他不惜以身殉道之義舉更為感人。

　　想當年蘇格拉底被送上法庭受審時,只要他稍肯低聲下氣即可免於致罪,他不特沒有如此,反而藉機在大庭廣眾之前,在五百多名陪審員之前作最後一番的公開演說,結果由此被判死罪;在待刑期間,他本來又有逃亡海外的機會,他卻堅執不能違反此城邦已作出之法律判決,雖然他不以為那個判決是公平合理,但既然身為該城邦之公民,即有義務不能破壞該城邦之法律,蓋他深諳法律乃城邦命脈之道理,法律不能成為砥柱,城邦必倒塌無疑,是以不能因為個人不公平之際遇而去破壞法律,違反裁決。蘇格拉底這種甘心服刑之抉擇,可說是自律道德之最高典範,其偉大之處直可媲美耶穌之釘十字架,只是蘇格拉底所殉者並非宗教精神而為哲學思想,故此他只能感召到柏拉圖一人,令他放棄從政的念頭,轉而建立起柏拉圖學院,創出個雅典學派來,令西方哲學正式走上重智的道路。

　　我雖欣賞尼采對希臘古哲之體會,但我不同意他對蘇格拉底所下之結論。好辯之風,在斯世而言也不獨只是個蘇格

拉底如此，他所屬於的時代本來就是個辯士的時代，那又怎能獨責於蘇格拉底，更何況那好分解之傾向實在原先已藏於巴門尼德及其他先蘇格拉底哲學家的身上。相反而言，蘇格拉底並非為歛財而辯，而且以身殉道，這不單只同時代之辯士無一能及，也是整個西方哲學傳統中所罕見，偉大的哲學家在西方有許多，可是卻無一人會為他的哲學思想而犧牲自家性命！蘇格拉底能夠如斯抉擇，那實在難能可貴，那又如何可以責怪他導至西方哲學趨於墮落！

唯一可以批評的，反而是蘇格拉底討論道德問題的方向和立場，他雖有心重整雅典城之道德風氣，只可惜其方向完全不對頭，以至有心無力，雖犧牲了一己之生命也沒有能夠挽救雅典城之命運，更莫說扭轉西方文化之發展方向。

道德淪亡，除了有許多外在因素作誘惑，最主要還是人心不古。道德根本是個內心自覺的問題，不是個知識的問題。孔夫子講道德就不是以知識問題的角度來講，他沒有清楚界定「仁」的定義，他沒有辯論分解，他的方向卻是清楚不過：要對治周文之衰敗，要防止禮壞樂崩及各種僭越之表現，孔

夫子提出要靠各級諸侯士大夫之「克己」以去「復禮」，這個「克己」就是自覺力量的表現。孔子雖未能力挽東周之狂瀾，他如此開出之文化方向卻深殖民間，成為中國文化之傳統主流，令中國文化走上「重德」之道路。

反觀西方文化重智的傳統，蘇格拉底每喜逼人家對其所說的話加以界定，事事也要在知識的立場上求個確實的答覆，討論道德問題，就要人家抽象地給「善」這個概念下個圓滿的定義，這實在是不得其法。他一方面不知道「善」這個概念不能有圓滿的定義，因為「善」乃是個價值判斷，「向善」只是個大原則，如何去具體落實則要因時因地因人而去隨機定奪，不能預早地給予個具體的規定，更不能只作抽象的討論，另一方面，蘇格拉底也不明白如要探討「善」之本質，則非要接觸及「自由意志」的問題，只有像後來康德講到道德主體的說法，其理論分解才算有助於吾人對道德的了解，只是客觀地要求「善」有個具體內容，這實在是徒勞無功。

是以蘇格拉底雖曾努力想把希臘之哲學方向帶到道德的領域，可惜不得其法，終亦難以扭轉乾坤，最後還是由柏拉

圖把西方哲學帶上一條分解形而上學的道路。與其說蘇格拉底因提倡理性思維而令西方哲學墮落，不如說蘇格拉底自身也於不自覺中受這重智精神的支配，以至他以一個求取知識的立場去探討道德問題，以至他雖欲扭轉整個希臘的文化方向也不可得，反而自己要犧牲在這麼一個傳統之中。

中國文化重德，西方文化重智，二者之奠基人物分別是孔子和蘇格拉底，但在他們之前，二者俱有一個較遠之傳統背景，他們不過把那個朦朧的方向弄得更鮮明清楚而已。蘇格拉底之好辯，乃因他們的古代哲學已有着重分解之傾向，孔夫子則繼承整個周代文化，把西周那種人文精神正式結穴在「仁心」自覺之方向上，以此來從政教學，這都是由來有漸，逐步發展出來，並非無端可以冒出個蘇格拉底或者孔夫子。

是以一個文化精神之確立，並不能只歸功或歸咎於某一人或某一學派，而是淵深源遠，若要再向上追溯，那就要涉及到該個文化在形成之際所處的地理背景。譬如在中國，吾人即要探索農業文化在黃河流域一帶之開展，在希臘則要探討那遠在公元前二千多年就已現了的海洋文化，這當然要借

助許多考古成績才可深論。

只是我們若了解到一個文化之精神有着如此長遠之歷史淵源，吾人當明白一個文化在日後之發展必定深受這種精神影響，不管其成員自覺與否，這些近乎世界觀、人生觀的想法早已深植人心，代代相傳，蒂固根深，縱使受到外來的衝擊而要有所變化，其變化也必定建築在原有的基礎上；倘若其文化自身之基礎不厚，那當然難以招架別人較為優勝的文化而被全盤同化，若其文化自身有一定基礎，遇上外來文化的挑戰衝突，那自必掀起無比巨浪，逼使雙方睿智之士奮起迎戰，以接大時代之來臨，因為文化思潮之交鋒，必定是伴隨着政治經濟以至於軍事的衝突而來，一旦不能會通雙方面之思潮，雙方面的社會都會處於不安靜狀態，尤其是處於弱勢的那一方。

能夠作為純粹的一個思潮衝擊而不牽涉到政經利益者，看來只有是佛教傳入中國的一個例子，因為佛教本是個出世的思想，不成個政治力量，其傳入中國雖令儒家思想之地位旁落一大段時期，但也逼使儒家之士奮起迎戰，雖沒有認

真稱得上激烈之爭辯，可也逼出個宋明理學來；而中國本土之高僧善信，既要翻譯佛經，又要探索儒釋兩家之特色，經過數百年之消化和累積，終於也產生了最具中土特色之華嚴宗、天台宗和禪宗，這都算是消弭文化衝突所帶來之成果，特別沒有夾着經濟利益而來的文化交流成果，是雙方有識之士所共創，也可說是人類文化的共同成果。

在西歐則不然，每一次的文化衝突都是生死搏鬥，基督徒跟羅馬人之鬥爭且不去說他，吾人但看回教文化跟基督教文化之相遇，由小衝突而終於演變成連場大戰，震撼歐亞兩洲，但多次的十字軍東征也並未曾消弭彼此在思想上之分歧，二者思想上之排他性又極重，看來也不容易在理論上可以會通。因此中東問題到今天仍在上演，那不單純是政治經濟力量未曾達到一個均衡，更主要是背後之文化衝突未曾消弭，尤其是這個文化衝突乃涉及到彼此之宗教信仰，那就是更為棘手了。故此在二次世界大戰後，英美兩國合力把猶太人安插在阿拉伯人的回教世界裡去復國，那不啻是火上加油，加速激發兩方文化衝突之最內在矛盾，成為你死我活之民族對抗，無從調和消化，那又如何可以期望該地區得到永

久和平呢!當年制訂此策之士,要不是對文化問題一無所知,那必定是別有用心,但不管是何種情況,二者俱至為愚不可及!

二十世紀中葉是中東回教文化跟猶太教文化衝突之高潮,回顧十九世紀中葉,那是西方文化跟東方文化衝突之高潮,斯時西方殖民浪潮方興未艾,西方諸國狹着利炮堅船強闖滿清的大門,美國艦長巴貝利率隊直進日本東京灣,西方文化之強勢由此可見一斑。滿清無力回應此一強大挑戰,招至自身皇朝跨台乃理所當然,可是其愚昧之政策卻令中華民族備受折磨百多年而仍不知悉問題之關鍵何在,落得個今天大陸台灣的對峙局面,表面看來平靜,實則只是個沈睡了的火山,隨時再會驚天動地,因為中間加插了一個共產主義思想跟資本主義文化對抗之因素在內,這令中國如何消化西方文化的問題變得更為複雜。

相形之下,日本人吸收西方文化之過程就顯得暢順許多了,也許日本人過往已有過吸收外來先進文化的經驗,故此面臨此一新時代之新文化,雖略有抗拒之心,但由明治天

皇拍板定案後，一個明治維新即把一切之文化衝突消弭於無形，馬上舉國同心協力建設新經濟，迎頭趕上西方列強，把古老的中國拋在後面，並且反過來實行大陸政策，加入列強剝削欺壓中國之行列，還有能力發動世界大戰，戰敗後又再次舉國同心，二十年內再度成為經濟強國，與美國共執自由世界貿易之牛耳，其適應性之強，其吸收之速不可謂不驚人，尤其令這個古老鄰國瞠目結舌！

中國日本兩國面對西方文化之挑戰而生出不同之結果，其關鍵處無他，日本人順利吸收西方文化之成果，自身作出適應和調節，中國至今則仍未能妥善回應西方文化之挑戰，且加上個外來的馬列主義，橫加硬插，既無根亦無葉，令中國人加上幾分困難，混淆西方文化之主流，本源不辨，自然難以會通，會通不來，衝突還是會再起，今天暫時平伏，時候到臨，還是會掀起巨變，除非做得到日本的地步，但日本之迅速成功，其中一個原因乃其文化根器淺薄，而彼所追求者亦無他，富國強兵之道而已，彼國如此快速躋身列強之間，彼亦將隨西方諸國之起落而盛衰，尤其看不到西方文化之癥

結，日本已搭上西方工業強國之快車而與他們同一命運。反觀中國，吾人不得不承認其文化根器深厚之極，其長處固然深入人心，可其短處也同樣蒂固根深，碰撞未夠，彼仍要繼續迷途歧出，要繼續蘊釀，彼能否安渡危機，在今天看來仍屬未知之數，但若謂能夠一舉點出西方文化之病徵，並且能帶出全球嶄新之文化方向，看來又只有中國這個古老文化才有此潛力，如此文化大任，看來不是大和民族及其文化所可以擔當得起！

想不到那能夠掀起全球文化相交盪之震央，竟然就在這個地中海城邦，而且極可能就在蘇格拉底從容就義那一刻開始已預埋了日後震動全球的種子，偉哉雅典城！

遠眺巴特農神殿

九月二十二日

（三）

雅典的店鋪在午後二時左右即關門休息，要午休至五時才復市，下午沒有地方去，留在旅舍等候夜車北上，窗外傳來陣陣低沉而富中東色彩的回教音樂，那悠閒的氣氛和情調，不期然使人陷於一種玄思狀態，如果此時是意志消沉的話，失落感就最容易由心底裡浮上來，相反的話，如果此時精神旺健，就會想到些玄遠幽深的問題，不知道柏拉圖的形而上學是否就在這樣的氛圍下孕育出來？

有一年到西安旅行時也有這種感覺，大暑天烈日高照，午後的酷熱更是逼人難擋，不由你不暫停工作去找個地方躲起來，避避那炙人的陽光，際此萬籟俱寂而又熱浪逼人的一段時間，就最容易令人神遊冥想，即使不致於像印度婆羅門那樣神遊體外，最低限度也可以讓你想及些較深遠的問題，不致長期黏滯於現實之中。

不知是巧合還是確有如此道理，幾個古代文明都是孕育於類似之地理環境中，中國炎黃二帝乃起源於黃河流域中上游之高原地帶，埃及和巴比倫一帶之文化則起源於半沙漠地

帶，印度全境炎熱，卻又不落在赤道線上。長年酷熱會使人庸懶渙散，尤其在沒有鮮明季節變化的地帶，終年酷寒則令人無閒情逸志去沉思，被逼要長期跟大自然風霜搏鬥，只有在寒暑交替的溫帶大陸，才可令人一方面有玄思的機會，另方面又可保持勤奮，不失於庸懶。也許正是這種恰當而巧妙的配合，才令這些偉大的古代文明得以奠基並放異采，有空當要仔細研究這問題。

當今的歐洲文明並非發源最早，卻成為今天最有力之文明，挾着科技之力量而無遠弗屆，上可探索外太空，下則開發地上資源，充分利用大自然，而美蘇兩個超級強國也不過是這個歐洲文明之延伸而已。故此今次來歐洲一行，沿途皆盡量參觀當地之大小博物館，特別是歷史博物館乃為必到之地，面對歷史遺跡，親睹歷史文物，乃能具體地領會到西歐這個文明淵源有自，令人感慨良多！

我們固然知道歐洲文明之得以大步起飛，乃藉着一個工業革命而成，今次來歐參觀，卻看到其中有個歷史契機，而這契機乃可遠溯至羅馬人之帝國時代。

　　在羅馬人未到歐洲內陸開拓殖民地之前，當地之民族遷移盛衰相當頻密急速，情況頗為複雜，如非專攻文化人類史也不易搞清其來龍去脈，總之，歷史上就統稱他們為「野蠻人」(barbarians)，以前也不明白這個「野蠻人」稱謂之真正含義，今次來歐洲上了一次活生生的歷史課，才明白箇中原委，原來在羅馬人未向歐洲內陸拓展版圖之前，歐洲各族皆處於漁獵時代而已，由英倫三島到德法北歐諸國之歷史博物館所見，他們的祖先並不懂得鑄造銅器，只會製造粗大沉重之石器及原始之弓矛，陶器也粗糙不堪，僅可作器皿使用而全不見有任何技術在其中，更無美感可言，這跟中國、埃及、巴比倫、希臘古代出土之精美陶器相差甚遠；而在北歐及瑞士博物館所見者最為粗糙劣拙，顯出當地原始居民之文化水平發展得最緩慢，原因顯然在於兩地之地勢最高，在對上一次冰河時期結束時其冰帽溶解得最慢，長期天氣嚴寒，故此一直處於強悍之漁獵時代，看他們那些古代石器之特別粗大，即可知道他們當年的生活遠比其他地方為艱苦。

　　雖然彼此之間略有高低差別，惟整體而言，這些歐洲內陸民族未曾進入銅器時代，正當中東地帶及地中海之高級文

明已經歷了幾番盛衰交替，在歐洲內陸則仍然緩步不前，這顯然是地理因素之緣故。故此跟羅馬人交接之下，他們便大為吃虧，他們逐一被羅馬人征服，淪為羅馬人之殖民地。表面上看來他們是很吃虧，但歷史的發展往往是帶點辯證的曲折——歐洲諸族雖因文化發展緩慢而被人家所征服而奴役，但一個現成的高級文明就擺在他們面前，省卻他們許多漫長的探索，隨伴着羅馬人之君臨，也帶來了歐洲民族之歷史轉機，因為在很短的一段時間內，他們便接觸到成套完整的生產技術、政治制度、軍事組織以至於哲學宗教等，而這些由羅馬人帶來的現成文明，中間經歷了一個很漫長的發展過程才告成熟，而歐洲諸族當前只須學習便成，毋須從頭摸索去自行建立；再加上他們自身原有的強悍漁獵性格，他們將要把羅馬人的文明發揚光大，他們所需要的只是機會。果然，當日後羅馬帝國不能再維繫其遼闊的版圖時，他們的時機乃告來臨，於是脫穎而出，大步向前，踏上歷史舞台擔當主角地位，由他們來引領風騷，把西方文明導向一個更強悍有力之階段。

一般歷史書只稱呼他們為野蠻民族，並視之為導致羅馬

帝國殞落的原因之一，「野蠻」一詞這樣用來倒有點貶意，但不知正因為有着這種「野蠻」的性格，才使這些歐洲民族避過了希臘羅馬這兩個地中海民族的厄運，他們強悍野蠻的性格，令他們不致耽於逸樂，不致於沉醉在生活享受中，雖然當初因長期處於漁獵時代而創造不出較高級之先進文明而致於被人家征服，可是保有健動強悍之民族性正是他們最寶貴的資產，當羅馬人北上給他們帶來歷史契機時，他們即挾此最貴重的資產去繼承羅馬人的文化遺產，而另外一方面，羅馬人長期受物質生活所腐化，他們希羅民族建立西方文明之歷史任務已告完畢，餘下來去發揚光大之角色，乃要由中歐及北歐諸族來擔當。

設若沒有這個歷史契機，在羅馬帝國崩潰之後，大抵歐洲將會抵受不住回教勢力之入侵，又或者被蒙古鐵蹄長驅直進歐洲心臟，而事實上今天地中海南北兩岸仍留存許多回教色彩，在希臘及西班牙兩地至為明顯，巴特農神殿即毀於土耳其人手上，足見希臘人早已無力拒抗中東之回教勢力，能夠力拒東方侵略者，正好是昔日全無文化之野蠻人，期間雖受教會束縛而

停滯了一段不短的時間，及至桎梏解除，待到文藝復興及啟蒙運動來臨，潛存於歐洲各族之希臘羅馬精神乃得再現奇葩，令歐洲文明再放異彩，引領全球進入科技時代。

然而，他們歐洲諸族雖然掌握住歷史契機而一鳴驚人，他們卻並非全無缺點，相反而然，那是一個相當嚴重的缺失，那是他們西方文化之一大癥結，只因為今天挾住強大的政治經濟軍事力量而雄踞全球，乃掩蓋住他們內心的失落，看來外強，實則中乾，蓋沒有精神支柱之緣故。

由於沒有經歷過農業文化之長期浸潤，他們歐洲諸族一般都沒有沾上農業社會之積習，這固然是他們的一個優點，但也正是同樣這個原因，他們並未能深切體會到農業社會所獨有的血緣和地緣親情，當然他們民間並非沒有血緣地緣之情，可是文化方向之發展並不朝這條路走，沒有太多的文人學者出來抒歌詠嘆，也就不能突出其特性，隨着時代及環境之變遷，這些無根而又樸素的民間感情將會隨風而逝，以至於蕩然無存。

　　再者，由於他們的祖先沒有產生出自己的宗教想法，他們接受的宗教也是現成的，這又增加了他們的無根性。任何之信仰，不管是宗教的或非宗教的，倘若沒有經歷長期之農業文明浸潤，那是不容易對生命有濃厚的價值觀念，因為對人生價值之深切體會，必須要由該民族自己在大地紮根才成，試看中國北方的老農對土地之感情是何等深厚，就像百年老樹那般錯節盤根，深深紮在泥土上，這樣孕育出來的價值觀念才會蒂固根深。

　　更致命者，他們歐洲人最後接受了一個無根的宗教——基督教，因為羅馬人最後也由基督教的逼害者變成接受者，別看基督教可以征服羅馬人便以為那是個有根的宗教，彼等能夠征服羅馬人而在歐洲落腳是一回事，羅馬人自身精神空虛而為基督教鑽了這個文化空隙固然是原因之一，但他們基督教並非來自農業文明才是其無根之真正因由。年青的黑格爾很早就看透基督教的本質特性，他稱之為「私人宗教」(Private religion)，意即基督教只存於每個人的心中，不管社會群體，對政治毫不熱衷，對家國土地全無歸屬，一心只嚮往天國，此因為他們希伯來人當年在中東備受其他民族壓

逼，流離失所，早已無地緣可言，而先知亞伯拉罕亦同樣備受上帝之考驗而要拋棄家庭兒子，斷絕血緣關係以事奉上帝，故此基督徒只有天國而沒有地上王國。一個沒有血緣及地緣的宗教，由一批不太重視血緣地緣的民族所全盤承受，歐洲人注定要向外擴展探索，以至於永遠徙移不歸，他們不會留戀故土親情，處處無家處處家，到處都可建立新生活。

就拓展而言，他們歐洲人這個無家的特性確是個優點，因為不受地緣及血緣束縛之故。反觀地緣社會，其缺點就是「土」，那就是保守和固執，不容易去適應環境的變遷，你要把他連根拔起，他必定死命抗拒，由於不能順應潮流，亦因此多數抗拒無功，終為時代所淘汰；另一方面，血緣社會之缺失則在於過分重視倫理親情，把家庭關係引進到社會上其他環節，造成群帶關係，標立不出客觀的法制精神。這二者俱有礙現代工商業發展，歐洲人正好不受血緣及地緣的妨礙，故此能夠率先邁進工商業時代。

中國文化正好相反，血緣地緣都在這個古老民族留下難以消除之烙印，地緣觀念阻慢工商業發展，血緣觀念令政

治制度停步不前，民國以來上演一幕又一幕的政治鬧劇，完全是由血緣關係引來「家天下」觀念的緣故。即使中共這個以組織嚴密見稱的政黨也難逃此一厄運。當初還在打天下階段時當然不易露出問題，及至江山已定而有天下可坐時，其嚴密之黨組織就開始逐步受血緣觀念的蠶蝕而敗壞，這是馬克思主義所應付不來的，一來馬克思列寧思想只着眼於世界革命，並無考慮到會出現由血緣親情帶來的腐蝕，另方面，這是中華民族已經植根了二千多年的文化觀念，你可以用政治鬥爭的方式去反右反資產階級，去努力破舊立新，但你就是挖不掉這些靈魂深處的想法，而且盤錯得最深固處就在共產黨內！這些觀念並非記載於某一部古籍上，古人也未必意識到他們自身有這些想法，可它就藏於每個中國人的靈魂深處，由整個文化系統一點一滴去薰陶下一代，這並非任何行政手段可以改動得了，除非要進行真正的文化改革運動，但要做的是文化問題探索、反省、推動，並非去部署權力鬥爭，政治鬥爭跟文化改革完全是風馬牛不及之事，前者是政客之事，後者則為哲學家及文化人的責任。

反過來再看歐洲文明，他們雖免受血緣地緣之困而開展

了工商業，斯民卻因此沒有機會接受血緣地緣之潤澤，在內未能深切領略家庭之溫暖和諧，一切人際關係即使不由物質來決定也要由法律來確立，完全是冰冷無情的，要說西方的家庭觀念趨於解體或許過於誇大，但西方人普遍都要及早爭取個人獨立，這種傾向則很是明顯，惟是獨立之後未能與家庭重新建立關係的話，則家庭生活趨於沒落也是不可避免的了。在外對大地沒有感情，不能跟大自然和諧共處，只知對大自然作無止境之苛索，只知一往無前，盲目破壞地球之自然生態，導致全球趨於慢性毀滅而不自知！

此情此景，歐洲人自然注定要失落，內不在己，外不在人，上不在天，下不在地，基督教信仰也填補不了現代人之心靈空虛，想不到沒有經歷農業文明浸潤之惡果要待至二千多年後才一下子暴露無遺。

走筆至此，不由得又想到他們歐洲民族之歷史任務已告差不多了，自二次世界大戰以來，歷史舞台已逐漸轉移到美國的華盛頓及蘇俄的莫斯科。美國這個立國才二百年的新興

強國，其無根之情況比諸歐洲本土為甚，因為彼此也非美洲本土之原居民，並不生於斯長於斯，彼此來到美國只是為了更美好的生活，亦因如此，方才創出一個全球前所未有的富裕國度，並且繼續吸收全球無根之精英移民一起來到這個無根的國度，彼此在相互激盪之下去創造更多的財富，讓資本主義得以發揮盡致淋漓，令全球經濟瘋狂發瞋。

至於蘇俄這個極北之國度，他們有着比歐洲人更為強悍之民族性格，再加上嚴密的共產黨組織，由黨中央調動全國之人力物力去發展尖端科技以跟美國爭一日之長短。兩個因異數而興的超級強國長期處於對峙狀態，其決心硬拼之收場乃不問而知，人類這一週期的文明會不會就此結束，目下則較難預測矣。

於雅典旅舍

九月二十五日

（四）

剛剛登完那達三千公尺高的奧林匹斯山下來，帶着一身疲倦及幾分不安進入南斯拉夫境內，護照沒有簽證，又找不

到地方兌換南國貨幣，連歐洲火車證也不通用於南國境內，心裡的確不大自在，改在白天入境希望可少遇些麻煩，結果還是免不了讓火車上的制服人員軟硬兼施地敲去一小筆外幣。想不到這個以實行開放社會主義見著的南斯拉夫，也免不了出現外幣吃香的現象，且引誘着公職人員為外幣而徇私枉法，破壞國家的秩序和聲譽，看來此地之外匯也管制得相當之嚴才會有此現象。

大白天坐火車的確浪費時間，晚上還要找住的地方，時間與金錢俱兩不化算，更不巧者，火車來到南國首府時，次日竟然碰上是博物館的休息天，全市的重要博物館藝術館都關了門，不得已之下，只好來到這個公園式的露天戰爭博物館坐坐，在殘缺的碉堡之間，在秋陽之下，面對第二次世界大戰留下的滄桑遺跡，目睹戰地黃花，卻沒有份外香的感覺。

一想及毛澤東，便不期然想到中國的文化大革命，這可真是中國文化的一大浩劫，中國的苦難當然並不始於中共，卻以中共發動文革之創傷為最。幾許無辜善良的人倒在這箇運動中，幾許心靈遭到無情的摧殘，那不單止是個別人士受

到折磨，而是整個民族心靈陷於大失落，彼此也不知道何去何從！昔日滿清腐敗，尚有打倒滿清的革命目標；當年大日本皇軍塗炭生靈，中國人尚有鮮明之抗戰旗幟；可如今文革之後又如何？目標何在？

當前中華民族的心靈早已麻木，當政者亦只能任由其麻木下去，因為觸動舊患之痛苦不會比文革時輕，亦因此之故，中南海只能提出建設經濟的口號，而不敢正視問題之所在，然而埋首建設只能寄託一時之空虛，並沒有接觸到真正之病源。中國的問題倒並非完全由經濟落後所致，真正關鍵者是文化問題，是中國文化備受西方文化衝擊而至今仍無力回應之問題，文革的苦難並未曾是個終結。吾人一日不能正本澄源，一日看不透中國文化自身的癥結，中國的苦難就一日不能了結。

回顧中國近代史之發展，其曲折離奇之處，每每總是出人意表之處：晚清腐敗政權的可笑可憐且不去說，千辛萬苦之下建立了民國，以為是個新局面新紀元的開始，誰知道馬上就冒出個袁世凱把孫中山逼下去，但想不到手握天下兵符

的袁世凱又會倒在眾叛親離之中，而軍閥割據的局面卻導致國民黨趨於專制獨裁，讓中共乘時崛興，一舉逼使國民黨撤出大陸，以為在五星旗下之中國會有個新開始，不料以組織嚴密見稱的中國共產黨也會爆出個無法無天而又動地轟天的文化大革命……

中國近代史上的幾許滄桑巨變，自然毋須歸咎於某一人或某一政黨，歷史只能回顧，中華民族在這百多年所受之創傷，已不是春秋功過之評價所可以治療得到！是功又如何？是過又如何？幾許家庭已為此而破碎，幾許百姓已為此而喪命，幾許人間親情被撕裂，幾許人性已被扭曲，難道事後之功過褒貶就可抵償得了嗎？若不曉得由歷史的血淚事故、慘痛經驗去吸取教訓，而只知為歷史人物爭幾分功幾分過，那不是把國家民族看得太兒戲了嗎？

有時看中共的官方著作，真為那些執筆者的苦心感到惋惜，為了要讓事實去遷就理論，或者為了要遵從最高領導所定下的框框條條，而被逼要挖盡心思去圖個委曲的解釋，看到他們的為難，也不願駁斥其非，此情此景，已不單純是

其推論合不合邏輯的問題，而是他們要否面對歷史良心之考驗，倘若其人下筆之時尚有幾分歉意，則其人尚有一線良知面對歷史，倘若恬不知恥，以秉從最高指示為能事，則斯輩將為歷史罪人。

然而，中國文化源遠流長，中華民族代代相傳，深受此文化傳統之薰陶，自能慧命有所相續，即使官方史家不去做這些文化反省工作，民間還會出現有心人的，即使在國內做不出多大的成績，在海外還是會有成績的，即使這一代做不來，還將有下面一代。畢竟中華民族也不是第一次遭逢文化浩劫，不是第一次受外來文化的衝擊，中華民族將有能力面對此一大激盪，回應此一大時代之挑戰！

貝爾格來德

九月二十九日

希臘之歷史行腳
——黑格爾歷史哲學述析

作　　　者： 李榮添
編　　　輯： Annie Chan
封 面 設 計： Steve Cheung
排　　　版： Leona Yau
出　　　版： 博學出版社
地　　　址： 香港中環德輔道中 107-111 號
　　　　　　 余崇本行 12 樓 1203 室
出 版 直 線： (852) 8114 3294
電　　　話： (852) 8114 3292
傳　　　真： (852) 3012 1586
網　　　址： www.globalcpc.com
電　　　郵： info@globalcpc.com
網 上 書 店： http://www.hkonline2000.com
發　　　行： 聯合書刊物流有限公司
印　　　刷： 博學國際
國 際 書 號： 978-988-78016-4-1
出 版 日 期： 2017 年 12 月
定　　　價： 港幣 $100

f facebook.com/globalcpc